서양 가구의 역사

차례

Contents

프롤로그

고대

영원한 내세를 믿었던 이집트

초기 문명의 가구들은 현존하고 있는 것보다 그 시대의 그림이나 조각품을 통해 볼 수 있는 것이 대부분이다. 영원한 내세를 믿었던 이집트 사람들은 사후의 삶을 위해 생전에 사용했던 물건들을 무덤 안에 묻었기 때문에 유물 발굴이 보다 쉬웠는데, 이 유물들은 당시 그들의 삶과 예술이 어떠했는지를 짐작할 수 있게 했다. 이를 통해 그 시대의 가구제작 기술이나 장식들이 매우 세련되게 발달했다는 것을 알 수 있다. 또한 지금까지 남아있는 유물이나 조각, 그림, 벽화 등에 표현된 것들을 통해 의자, 침대, 테이블, 스툴 등 당시의 가구가 오늘날 사용하는 가구의 기본적인 형태와 크게 다르지 않음을 알 수 있다. 우선 현재 사용하고 있는 대표적인 가구들이 이미 고대에도 존재하고 있었다는 것을 확인할 수 있다. 예를 들어 의자만 보더라도 생활방식을 반영하는 여러 가지 형태가 있다. 안락함을 추구하는 낮은 높이와 다리를 뻗고 앉을 수 있는 좌판을 가지고 있는 점 등으로 당시 생활방식이 반 좌식이었음을 알수 있고, 의자나 스툴 중에는 접이식으로 제작된 것들도 있다.

우리는 유물을 통해 당시 가구의 형태나 기법상의 특징을 찾아볼 수 있다. 고대 이집트의 왕 투탕카멘의 무덤에서 발견된 옥좌를 살펴보면 목재에 금장식한 의자 등받이 부분에는 왕과 왕비의 모습이 얕게 조각되어 있고, 온통 금으로 그림이 그려져 있다. 동물의 다리 모습을 가구의 다리형태로 응용한 것이나 돌려 깎기라는 가구제작 방식의 사용 등도 확인할 수 있다. 이집트에서는 금이 은보다 저렴했으며 매우 흔했다. 그래서 금박세공이나 금 상감 또는 금판 등의 사용이 빈번하게 이루어졌는데 왕이나 상류사회에서는 더욱 흔하게 금을 사용했음을 상상해 볼 수 있다. 실로 화려한 황금의 시기였던 것이다. 또다른 투탕카멘의 옥좌는 B.C. 1320년경 제작되었는데 황금과 은, 여러 가지 색 유리, 도자기, 상아 등으로 만들어져 화려하고 섬세한 장식이 특징이다. 왕의 권력을 상징하는 이 의자는 정교한 장식기법이 매우 돋보인다. 그 시절 이집트는 목재가 귀해 가지고 있는 목재를 효율적으로 이용하기 위해 판자를 접합하는 방법이나 상감기법들이 발전되었다고 하는데 다양한 재료에 대한 지식과 가공 기술이 매우 놀랍다. 이렇게 발달한 기법들이 최고 권력자인 왕의 의자에 어떻게 실현되었는지는 유물을 통해 느껴볼 수 있다.

우아한 아름다움의 세계, 그리스

고대 그리스 미술은 신화와 깊게 연관되어 낭만적이고 지적인 특징이 있다. 대리석이 풍부했던 지역적 특성은 우아한 조각들을 만들어 내는데 좋은 조건이 되었다. 이들은 이집트에서 이룩한 양식을 무조건 따르는 데 그치지 않고 그리스만의 방법을 찾아내기 시작한다. 그런데 대리석으로 표현된 그리스 시대의 많은 유물과 도기류 등은 대체로 보존됐지만 주로 목재를 사용했던 가구들은 보존된 것이 거의 없다. 건조한 기후에 속했던 이집트와 달리 그리스는 습한 기후 때문에 가구들이 오랜 기간 온전히 보존되기 어려웠다. 이러한 환경과 예술적 배경을 지녔던 그 시대에 '클리스모스(klismos)'라고 하는 훌륭한 비례와 선을 지닌 의자가 있었다. 우아함과 아름다운 곡선을 느낄 수 있어 근대까지도 사랑받는 그리스 시대의 가장 특징적인 의자다. 고대 그리스의 조각 작품과 도기 그림에 빈번히 등장하여 당시의 대중적 인기를 짐작하게 하는 클리스모스 의자는 18세기 말 유럽 의자 디자인에 중요한 영감을 주기도 하였다. 등받이부터 다리까지 하나의 목재로 이루어져 우아한 곡선을 이루는 클리스모스 의자는 다리부터 시작된 선이 등 부분에

그리스 클리스모스 의자.

선 튼튼한 느낌의 둥근 목재로 등받이 부분을 이루게 하여 견고해 보이도록 만들었다. 앉는 부분을 엮는 재료로 제작한 것은 앉을 때 탄력을 느낄 수 있도록 한 배려를 엿보게 한다.

이외에 그 시대의 그림이나 도자기류, 또는 조각품을 통해서 확인해 볼 수 있는 가구 종류들을 보면 대체로 단순했음을 알 수 있다. 세 발 테이블이나 침대와 소파의 복합적인 기능을 가진 클라인(kline), 체스트, 접는 스툴 등이 그 당시에도 존재했다는 사실도 확인할 수 있다.

풍부한 장식의 표현, 로마

고대 로마는 그리스의 미술전통을 이어받아 발전시켰다. 로마의 가구들은 처음에는 그리스의 것을 그대로 모방하였다. 하지만 그리스 가구의 우아하고 단순한 미를 가진 순수한 형태들은 화려하고 호화로운 것을 좋아하는 로마인들의 취향 덕분에 조금씩 변화를 하게 된다. 즉, 과도하게 화려하고 정교한 표현이 성행하면서 순수성이 사라지게 되는 것이다. 로마의 상류층 주택들은 대개 크고 각기 용도가 다른 방으로 꾸며졌으며 신화를 소재로 한 벽화와 모자이크로 장식된 바닥으로 꾸며졌다. 하지만 가구의 종류는 매우 적어 테이블, 침대, 3개의 동물 다리 형태로 지지가 된 트리파드(tripod), 수납가구인 체스트, 돌려 깎은 다리를 사용해 제작된 카우치, 의자, 풋스툴(foot stool) 등이 사용되었다.

　로마 시대의 왕의 옥좌는 이전 시대처럼 동물의 다리로 디자인되기도 하고 인간과 동물의 형상이 혼합된 형태로 조각되기도 하였으며 다리와 팔걸이 부분이 하나로 연결된 대리석 옥좌도 있었다.

　화산 폭발로 약 2,000년 동안 고스란히 묻혀있던 로마인들의 주거지인 폼페이에서 발굴된 유물은 그 당시 모습을 그대로 간직하고 있다. 아름답게 치장되고 벽화가 그려진 주택은 화려하고 정교하게 장식되어 있었다. 가구는 꼭 필요한 최소한의 것만 놓여 있었고 가구의 재료로는 나무, 청동, 대리석 등이 사용되었다. 특히 청동제 트리파드는 상당히 화려하고 정교하게 제작된 것을 알 수 있다. 삼각 다리의 형태가 반인반수, 동물의 다리, 스핑크스 등으로 매우 다양하며 장식성이 강한 가구들이었다.

중세

종교를 위한 예술

암흑의 시대라고 일컬어지는 중세는 전쟁 등으로 매우 혼란스러운 시기였고 교회가 문화의 주요 근원지가 되었다. 그래서 막강한 힘을 가진 기독교 덕분에 웅장한 교회건축이 이루어진 시기이기도 하다. 13세기 고딕 시대에는 신도들의 신앙심으로 장대하고 웅장한 대성당이 지어졌다. 이러한 종교적 건축물들의 외형적 특징은 일반 주택이나 그림, 장식품, 가구 등에까지 큰 영향을 끼쳤다. 중세를 대표하는 양식으로는 비잔틴 양식(330~1453), 초기기독교 양식(330~800), 로마네스크 양식(800~1150), 고딕 양식(1150~1500)으로 나누어 볼 수 있다.

비잔틴 양식의 가구는 현존하는 것이 거의 없어 그림이나

막시미안 옥좌
(출처: www.stanford.edu).

조각 또는 기록으로 볼 수 있는데 장엄하고 웅장한 주택 형태에 어울리는 정적인 형태였다. 비잔틴 시대에 유명했던 상아 양각은 현존하는 '막시미안의 옥좌'에서 볼 수 있다. 6세기 초에 제작된 둥근 등받이 형태인 이 의자는 목재와 조각된 목재 패널로 이루어진 의자의 가운데 부분이 상아로 제작된 것을 볼 수 있는데 의자의 전 부분에 걸쳐 기독교의 인물들이 섬세하게 조각되어 있다.

비잔틴 시대 조각 작품에 나타나는 가구들을 보면 목재를 돌려 깎는 기법을 사용한 의자 다리들이 많이 등장했다. 이 밖에도 X자형 다리를 가진 의자나 스툴, 다목적 상자들, 수납장들이 사용되었다. 의자는 신분에 따라 다른 형태로 제작되었으며 X자형 스툴은 가볍고 운반이 쉬워 필수품이 되었다.

강직하고 단순한 건축적 특징을 지닌 것은 로마네스크 양식의 가구들이었다. 그 시대 대부분의 영주는 여러 지역에 소유하고 있는 성으로 옮겨 다니는 이동생활을 했다. 그 때문에 대부분 가구는 처음부터 건물에 부착된 붙박이형이거나 다른 성으로 이동할 때마다 가지고 다니는 것이 대부분이었다. 그 시대의 사람들은 대부분 거실의 용도인 홀을 중심으로 생활하였다고 하는데 홀 내부에 비치된 가구 중 특히 의자는 신분에 따라 구별하여 사용되었다. 이동이 많았던 탓에 중세가구 중 체스트는 가장 일반적으로 사용된 가구였다.

프랑스에서 시작되어 모든 서유럽에 퍼지게 된 양식은 고딕 양식이었다. 가장 높은 관심사였던 종교와 그들의 정신세계를 거대한 아치형의 교회건축으로 표현한 시기였다. 고딕 스타일의 교회들은 첨두 아치형 천장으로 높이 치솟았으며 수직선을 강조하여 신앙심을 고취하도록 했다. 고딕 건축의 특성들은 바로 가구에 영향을 주었기에 건축과 가구에는 유사성이 많아 보인다. 건축물을 축소한 형태의 가구가 많이 있었고 건축에서 보이는 주름이 잡힌 천 모양(linenfold)의 패널은 체스트나 의자 등에서 응용되었다. 가구의 표면장식은 주로 조각으로 표현되었는데 종교의 영향으로 형태나 장식이 소탈한 모습을 보이고 대부분 가구는 수직선이 강조된 형태들을 나타낸다. 고딕양식의 가구들에서 흔히 보이는 트레이서리(tracery)는 건축에서 시작된 창문 형태로 섬세하게 구성된 문양을 조각하여 건축적인 요소가 강했던 가구에도 적용했다.

대부분 가구가 묵직하고 직선적인 느낌이 드는 고딕 시대의 가구들은 이전 시대보다 사용되는 가구의 종류가 점차 다양해졌다. 고딕 시대의 침대는 화려한 무늬가 새겨지고 침대의 각 모서리에는 기둥이 있어 그 기둥에 커튼을 달아 가릴 수 있게 했다. 침대 근처에는 물건을 넣을 수 있는 체스트를 놓았고 벤치와 스툴을 배치하여 앉을 수 있게 꾸몄다.

르네상스

문예부흥과 휴머니즘

1400년경 이탈리아 플로렌스에서 시작된 르네상스는 중세를 지나 근대로 넘어가는 시기에 일어난 문예부흥운동이다. 르네상스는 중세의 금욕주의적인 교회 중심에서 벗어나 휴머니즘을 이루고자 했다. 고대 그리스와 로마의 문화를 부활시키려는 움직임으로 16세기까지 르네상스는 활발히 전개되었고 예술분야에서도 눈부신 창조의 노력이 이루어졌다. 인간에 대해 억압적이고 엄격했던 중세와는 달리 르네상스는 인간 자신을 발견하려 했다. 경제성장과 문화의 번성을 이룩하면서 근대로 전환하는 기점이 된 것이다. 인간이 교회나 국가보다 소중하다는 르네상스 시대의 인본주의 정신은 자연의 아름다움과 인간 위주의 삶을 발견하게 했다. 그것은 인간적이고 자유로운 감정을 담은 예술로 나타나게 된다. 게다가 플로렌스의 메디치 가문을 비롯한 여러 이탈리아 가문에서 그들의 막강한 재력을 예술가와 예술을 위한 후원에 아끼지 않았다. 예술에 대한 그들의 관심은 실로 대단했다. 그 결과 많은 예술가와 공예가들이 그들의 후원을 받으며 창작의 열정을 마음껏 발휘할 수 있었다. 16세기 초는 이탈리아 예술의 황금기였으며 레오나르도 다빈치와 보티첼리, 미켈란젤로, 라파엘 등이 활약하던 시기이기도 하다. 이 시기의 장식예술품들도 최고의 경지에 달했다고 할 수 있는데 화려한 건축물과 더불어 가구들도 장엄하고 화려해졌다.

이 시기 가장 중요하고 화려하며 신분과 부를 상징할 수 있었던 가구는 케존느(cassone 또는 cassoni)가 있는데, 이는 혼례용 체스트로 르네상스 시대에 결혼하는 신부들이 혼수를 채워 넣고 신랑 집으로 운반해 가는 가구였다. 케존느에는 혼례를 치르는 양쪽 집안의 문장을 새겨 넣었고 부와 세력이 있는 가문에서는 그들의 가문을 과시할 수 있는 기회였다. 그랬기에 화려하고 예

Nerli Cassone
(출처: www.lib-art.com).

술적인 가치가 있는 케존느를 제작하기 위해 노력했다. 초기의 케존느 대부분은 그 당시의 훌륭한 화가들에 의해 장식되었다. 외부 판넬에는 화려하고 다양한 그림이 그려졌는데 종교적인 것, 운동경기 장면, 자연, 문학작품들의 주제를 가지고 있었다. 그러나 그림이 그려진 초기 케존느는 16세기가 되면서 채색보다는 조각기법을 채택한 작품들이 등장하여 디자인의 변화를 맞게 된다.

케존느는 이후 등받이와 팔걸이가 붙어 카사팡카(cassapanca)라는 형태로 발전하게 된다. 카사팡카는 대부분 집안으로 들어오는 입구에 놓아 그 집을 방문하는 사람들에게 그들의 재력과 사회적 지위를 과시하도록 했다. 권세 있는 가문에서 그 집을 방문하는 사람들에게 그들의 세력을 나타낼 수 있는 용도로 제작된 가구이니 그 화려함이나 예술적인 수준이 대단히 높았음을 짐작할 수 있다.

르네상스 시대의 또 하나의 특징적인 가구가 있다면 그것은 최초의 가정용 의자인 '사보나롤라(savonarola)'이다. X자형의 다리 모양을 가지고 있는 접이식 의자인데, 등받이와 팔걸이 부분 그리고 평평한 좌판으로 이루어져 있다. 일반 이탈리아 가정에서 일상적인 용도로 사용되었으며, 15세기 말경 널리 사용된 사보나롤라는 단순하게 조각된 것부터 정교한 상감기법으로 섬세한 문양을 표현한 것까지 다양하다. 그리고 사보나롤라와 매우 유사한 형태로 '단테스카(dantesca)'가 있는데 많이 닮아 보이지만 사보나롤라와 비교해보면 다리가 훨씬 단순한 형태다. 좌판과 등받이에 가죽이나 벨벳으로 만든 쿠션이 있어 안락감이 느껴진다. 이밖에 의자의 한 종류로 '스가벨로(sgabello)'라고 하는 등받이가 있는 스툴이 15세기 르네상스 시대에 나타난다. 작은 좌석과 판의 형태를 가진 다리와 위쪽이 살짝 넓어지는 부채꼴의 등받이로 구성되어 있다. 스가벨로가 등장한 초기에는 대개 상감기법으로 장식되었지만 후기 르네상스로 와서는 변화가 생겼다. 그 당시에 유행했던 문양의 소재를 화려한 조각기법으로 표현하는 방식이 도입되어 스가벨로를 장식했다.

프랑스의 르네상스 가구는 이탈리아 르네상스의 영향을 받은 과도기적인 시기와 프랑스 고유의 스타일로 정착시킨 시기로 나누어졌다. 당시 프랑수아 1세는 모든 예술을 적극 후원했고 예술가들을 적극 육성하여 새로운 예술이 빠른 속도로 발전할 수 있었다. 이렇듯 프랑스에서는 예술에 대한 열망을 가지고 있던 왕들과 막강한 힘을 가진 여러 권력자의 열정 덕분에 독창적이고 세련된 예술을 이루어 낼 수 있었다. 이처럼 예술발전에 대한 욕망은 국가 경제를 발전시키는 기회가 되기도 했다.

16세기 프랑스 가구는 거대한 크기와 직사각형의 형태, 단순한 구조를 가진 것이 특징이었다. 초기 장식은 이탈리아 르네상스 양식의 특성이 있었지만 시간이 지나면서 우아하고 독창적인 프랑스 스타일로 변화되었다. 16세기 프랑스에서는 '발루스터(baluster turning)'라고 부르는 돌려 깎는 기법이 유행하였다. 이는 대개 길고 가느다란 꽃병 같은 형태이며 가구의 다리에 주로 사용되었다. 그런데 발루스터의 형태는 만드는 사람에 따라 다양한 형태를 보이며 제작됐기 때문에 가장 예술적인 특징을 지니고 있다. 그 시대의 대표 의자로는 안락의자의 한 종류인 '까께뚜와르(caquetoir)'가 있으며 좌판의 형태가 뒤로 갈수록 좁아지는 특징을 가지고 있다. 주로 여성들이 사용했던 것으로 살짝 걸터앉아 대화하기에 유용한 가구였다. 이 밖에도 이탈리아 스가벨로와 유사한 '에스까베이유(escabelle)'가 있으며 그 시대에 널리 쓰였던 화려한 조각과 장식이 있는 캐비닛, 드레서, 찬장과 장식적이며 화려한 테이블이 점차 발달한 형태로 제작됐다.

영국의 르네상스는 유럽에서 가장 늦게 받아들여졌는데 엘리자베스 1세의 집권 시기는 영국의 황금기라고 불리는 시기로 르네상스 운동이 본격적으로 확립되었다. 이 시기의 가구 대부분은 묵직하고 직선적인 느낌을 지니고 있으며 단순한 구조로 되어 있다. 엘리자베스 1세의 시대는 화려하고 풍부한 색채로 장식된 실내가 특징이다. 장식적 요소로서 조각은 매우 힘차고 강한 느낌이었다. 또 하나의 특징으로 상감장식을 많이 사용하였다. 이 시기의 특징적인 의자 중 하나인 '웨인스코트(wainscot) 의자'는 건축적 요소를 보이는 목재 판넬 형태의 의자등받이를 가지고 있는데 등받이의 목재 판넬은 얇게 조각되거나 상감되었다. 나머지 부분들도 조각으로 강하게 표현되었다. 다리는 돌려 깎은 기법으로 디자인된 것이 많았다. 의자 다리의 가로 지지대는 바닥에 거의 닿을 정도로 낮게 양 다리에 연결되어 있으며 팔걸이는 의자 앞쪽으로 경사를 이루며 구부러져 있다.

엘리자베스 1세 시대 가구의 또 다른 특징은 큰 컵에 뚜껑을 덮은 것 같은 모양의 볼록한 '볼보스(bulbous)' 형태가 가구 지지대에 사용된 것이다. 테이블의 다리, 침대의 기둥, 찬장의 다리 등에 볼보스 형태가 광범위하게 사용되었으며 과장된 비례 때문에 매우 강한 느낌이 들었다. 엘리자베스 1세 시대의 볼보스형 지지대는 화려하게 조각을 한 것이 대부분이었다. 하지만 이후 17세기에는 목재를 돌려 깎는 선반가공법을 이용한 형태이거나 나선형의 밧줄 형태로 변화하게 된다.

바로크

권력과 예술

르네상스의 뒤를 이어 생겨난 바로크 양식은 이탈리아에서 먼저 시작되었다. 바로크라는 말은 그 시대의 예술경향을 비하하기 위해 표현한 말로 '기괴하다, 울퉁불퉁하다.'라는 뜻을 지니고 있는데 엄격한 고대건축의 원칙을 무시하는 그 당시의 건축을 보고 비난했던 비평가들이 그렇게 불렀다고 한다. 로마에 있는 '성 베드로 성당'에서 최초의 바로크 양식을 볼 수 있는데 장엄하고 화려하기 그지없는 성 베드로 성당은 초기의 바로크 양식을 잘 나타내고 있다. 인간의 마음을 압도하고 감동을 주며 권력과 예술의 영향력을 보여준 것은 로마의 교회뿐이 아니었다. 그 시대 왕들이나 귀족들은 권력을 과시하고 싶은 욕망이 강했다. 권력을 가진 자로서 평범한 인간들과는 다른 고귀한 인간임을 나타내 보이고 싶어했던 것이다.

이탈리아는 당시 예술의 중심지였다. 그곳에는 탁월한 재능을 지닌 건축가와 예술가들이 있었는데 자국뿐 아니라 유럽의 각국으로 초빙되어 그들의 예술적 재능을 발휘하기도 했다.

16세기 말 이탈리아 귀족들의 저택은 매우 화려하고 사치스러웠다. 위엄이 넘치는 저택의 실내에는 이전에는 본 적 없는 대리석 상판으로 디자인된 가구를 비롯하여 화려한 가구들이 많았다. 이후 17세기 가구들은 가구제작자 보다는 조각가들에 의해 창작되었다고 보는 것이 더 어울리는 화려한 모티브의 소용돌이 장식과 그로테스크한 장식들로 지나치게 조각된 가구들이 많아졌다. 가구들은 조각에 도금을 입혀 더욱 화려한 모습을 보여주고 있었다. 이러한 가구들은 눈으로 보기에는 아름답고 화려하긴 했지만 안락감을 고려하지 않은 것이 단점이었다. 바로크 시대 의자에 사용된 직물 역시 화려했으며 정교한 조각의 기법으로 표현된 장식이나 소용돌이 문양의 곡선적인 조각들이 매우 정교하며 화려했다. 그 시대의 가구 장식기법은 이렇듯 조각이 많고 도금을 한 것 등을 포함하여 여러 가지가 있었다. 그 중 귀한 돌 종류와 보석들을 사용하여 가구 표면에 장식하는 '피에트르 듀르(pietra dura)' 기법이 있다. 색채가 매우 풍부하고 화려했는데 이 장식기법으로 제작된 가구들은 가구 전체가 매우 섬세한 문양이었으며 준보석들이 선사하는 색채의 풍요로움으로 실내를 매우 화려하게 장식할 수 있었다. 그 시대 이탈리아에서 사용되었던 가구로는 케존느와 카사팡카, 조각적 요소가 많은 의자인 스가벨로, 찬장 용도의 크레덴자, 팔걸이와 다리 부분이 도금된 조각으로 이루어진 화려한 팔걸이의자, 사보나롤라, 단테스카 등이 있다. 이탈리아에서 처음 시작되었던 바로크는 1650년경에 절정을 이룬 후 문화적인 중심지가 프랑스와 영국으로 옮겨감에 따라 쇠퇴기를 맞는다.

17세기 프랑스는 막강한 부를 가지고 있었다. 프랑스만의 예술양식을 창조하고자 했던 루이 14세는 자국의 훌륭한 예술적 능력을 과시하고 싶어했다. 그 어떤 것보다 뛰어난 프랑스만의 독보적인 예술을 원했던 왕은 품위와 아름다움을 지닌 바로크 양식의 베르사유 궁전을 건축하게 된다. 탁월한 예술적 재능을 지닌 프랑스 예술가들은 그들을 적극 지원하는 왕과 예술을 사랑했던 여러 권력자의 재정적 지원에 힘입어 더욱 완성된 독창성과 세련된 표현으로 프랑스 미술의 황금 시기를 이루어 냈다. 그들의 뛰어난 예술적 감각과 완벽한 비례미에 대한 이해 그리고 세련된 표현들은 프랑스의 미술이 세계 속에서 주도권을 가지게 된 중요한 이유가 되었다.

베르사유 궁전은 그 크기에서부터 거대한 규모를 자랑했는데 궁전의 방들은 모두 웅장하게 지어졌다. 그것은 왕의 위엄을 보여주기 위함이었는데 지나치게 큰 궁전의 내부는 매우 화려하게 꾸며졌고 그러한 건축분위기에 맞추어 가구의 규모 또한 매우 장대한 느낌으로 제작되었다. 왕립가구공장에서 가구 장

인에 의해 생산된 가
구들은 정교한 조각과
장식이 많아 사치스러
웠다. 목제 가구들이
대부분이었고 도금을
한 것이 매우 많았는
데 루이 14세 양식의
특징이었다.

불 웍
(출처: www.metmuseum.org).

'불 웍(Boulle Work)'이라고 하는 가구장식 기법이 그 시대에
매우 유행했다. 불 웍은 거북이 껍질, 놋쇠, 납, 은 등을 가구에
상감하는 기법을 말한다. 안드레 찰스 불(Andre Charles Boulle)이
제작했던 많은 가구는 프랑스 바로크 시대를 대표하는 가구로
꼽힌다. 하지만 루이 14세의 가구양식은 대부분 너무 화려하고
장식적이라 일반적으로 사용되기에는 적당치 못했다. 천이 씌
워진 의자도 많이 사용됐다. 주로 적색계의 직물로 싸인 의자
가 유행하게 되는데 직물의 무늬는 매우 큰 편이었다. 바로크의
특징인 소용돌이 무늬는 의자와 테이블에서도 나타났는데, 의
자의 팔걸이 부분은 대부분 아래로 구부러져 있으며 끝 부분
에 소용돌이 형태를 이루고 있고 다리에는 대개 X자형 지지대
가 연결되어 있다. 직선과 곡선이 균형을 이루면서 조화를 이루
고 있는 모습으로 그 시대 디자인의 특징을 보여주고 있다. 섬
세하고 훌륭한 솜씨의 조각과 금도금으로 장식된 의자들은 매
우 화려하고 기품이 있었다. 그러나 인체의 안락감을 무시한 형

태 위주의 가구였다.

영국에서는 찰스 2세(1660년 즉위)가 호화로운 프랑스 궁전과도 같은 예술적 양식을 실현하고 싶어 했다. 그는 예술 활동을 적극 후원하고 건축을 촉진했다. 그 결과 부유한 시민은 궁전에 버금가는 훌륭한 개인 주택을 소유하게 되었다. 왕정 복고시대라 불리는 이 시기는 사치스러운 장식이 유행하게 됐고 가구역시 영향을 받게 된다. 특히 의자 디자인에 많은 변화가 생기게 되는데 왕궁에서 인기가 높았던 등받이와 좌판을 등나무로 짠 의자가 등장했으며 직조 산업의 발달 덕분에 화려한 직물로 씌워진 의자가 많이 제작되었다. 또 등받이 양옆에 작은 날개가 덧붙여진 '윙 백 체어(wing back chair)'가 등장했는데 그 당시 '잠자는 의자'라고도 불렸다.

이러한 왕정복고 시대의 뒤를 이어 영국 바로크의 두 번째 중요한 양식이 나타나는데 '윌리엄&메리 시대' 양식이다. 화려함을 선호했던 이전 시대와는 달리 검소함을 통치의 이념으로 삼았던 시대이다. 네덜란드의 영향이 매우 컸던 이 양식은 영국과 긴밀한 정치·사회적 교류를 했던 양국과의 관계 때문에 영향을 받은 것이었다. 윌리엄&메리 시대의

윌리엄&메리
(출처: www.fantiques.com).

가구는 직사각 형태가 대부분이었다. 초기 의자들은 곧게 뻗은 다리가 다시 등장했는데 화려한 소용돌이 조각보다는 아래쪽으로 점점 가늘어지는 꽃병 형태의 직선 다리와 돌려 깎은 발루스터(baluster)형의 다리 형태를 주로 사용하였다. 돌려 깎는 기법은 흔하게 이용되었으며 조각기법을 대신하여 널리 사용되었다. 다른 가구들에서도 조각은 이전보다 훨씬 줄어들게 된다.

중국에서 유래된 것으로 여겨지는 '캐브리올 레그(cabriole leg)'는 동물의 다리 형태에서 따온 가구용 다리를 말한다. 1700년대 영국에 소개된 초기 캐브리올 레그는 그 후 반세기 동안 모든 가구에 사용되었고 당시 영국에서는 흔히 다리의 끝 부분을 클로 앤드 볼 풋(claw and ball foot: 짐승의 발이 작은 공을 잡고 있는 형태)로 대부분 처리하였다.

윌리엄&메리 시대의 특징적인 의자로는 등받이가 높게 디자인되고 뚫린 팔걸이를 가진 의자로 찰스 2세 때 나타나기 시작하여 계속 제작되었다. 팔걸이가 있는 것과 없는 것 두 종류가 있는데 대부분 X자형 스트레쳐(다리의 연결 역할을 하는 부분)를 가지고 있다. 다리의 디자인은 다양한 조각 형태를 가지고 있었는데 1690년경 이후부터는 수직형의 다리를 주로 제작하였다. 의자 중에는 '퍼위그 체어(perwig chair)'라는 종류가 있는데 이는 의자 등받이 윗부분에 정교하게 조각된 화려한 크레스팅(cresting)이라고 부르는 장식이 달린 의자를 말한다. 그 외에 두 명이 앉을 수 있는 천이 씌워진 긴 의자로 세티(sette)라고 부르는 의자가 윌리엄&메리 시대에 다양한 형태로 발전되었다. 책상도 다양하게 디자인되었는데 대부분 17세기 말 영국 사람들은 필기용 책상을 소유하고 있었다고 한다. 이 시기 초기의 책상 형태는 앞면이 경사진 형태로 다리 위에 얹은 모습을 하고 있다. 서랍이 양옆으로 있고 상판을 얹어 가운데 부분에 앉은 사람의 무릎이 들어갈 수 있도록 디자인된 니홀 데스크(kneehole desk)도 이 시대에 처음으로 등장했다.

또 하나의 특징으로 동양에서 수입된 옻칠에 대한 인기가 매우 좋았다고 한다. '시노아제리(chinoiserie)'라고 칭하는 중국이나 일본풍의 옻칠제품은 직접 수입도 했지만 영국 내에서 제작하기도 했다. 동양적인 모티브로 그려진 시노아제리 캐비닛, 체스트 등은 화려하게 조각되고 금으로 도금된 단 위에 올려서 사용됐다. 이런 가구들은 이국적인 모습으로 그 시대 영국인들의 사랑을 받았다.

로코코

화려한 장식과 안락함의 시기

    디자인 양식의 변천을 얘기할 때 항상 첫 번째 위치를 차지하던 이탈리아는 로코코 양식에서는 프랑스만큼 영향력을 발휘하지 못했다. 18세기 이탈리아는 여전히 바로크의 전통을 유지하고 있었다. 이탈리아 로코코는 베니스 사람들이 주로 사용했던 장식에서 유래되어 베네시안(venetian) 형이라고도 하며 지나치게 도금을 한 특징을 가지고 있다. 이탈리아에서 로코코 시기에 유행했던 가구는 옻칠이 된 '시노아제리'가 매우 인기를 끌었고, 페인트칠이 된 가구도 유행했다. 코모드(commode: 서랍이 달린 낮은 체스트) 또한 그 시대에 매우 사랑받았던 가구로 중

로코코 시대의 코모드
(출처: www.wallacecollection.org).

요하게 여겼다. 이탈리아의 코모드는 프랑스의 코모드와 외형상으로 비교해 볼 때 윗부분은 매우 불룩 튀어나오고 아랫부분은 심하게 좁아지는 지나친 곡선의 변화로 우아한 맛은 조금 덜하며 과장된 형태를 지니고 있다.

18세기 프랑스에서는 로코코가 매우 화려하고 장식이 풍부한 형태로 발전했다. 이전 시대의 위엄 있고 거대한 규모의 바로크 양식 가구는 자유롭고 불규칙하며 화려함과 세련됨을 지닌 환상적인 형태의 로코코 가구로 변화하게 된다. 웅장하고 조각 작품처럼 느껴졌던 가구들이 인체의 치수를 고려한 알맞은 크기로 디자인되면서 전보다 훨씬 편안해졌다. 그 덕분에 인간의 즐거움을 추구하고 화려한 것에서 만족을 얻으려 했던 그 시대의 요구를 충족시킬 수 있었다.

시대적 양식을 말할 때 대개는 건축의 양식을 그 외의 분야에서 따르는 것이 일반적이지만 로코코의 특징은 실내디자인에 더 잘 나타나 있다. '로코코'라는 용어는 암석과 조개를 뜻하는 단어를 합쳐 만든 이름으로 전형적인 화려함과 우아함, 그리고 쾌락을 추구했던 그 시대의 매력적인 모습을 전해주고 있다. 가벼움 속에 표현되는 섬세한 장식과 색채의 표현이 그 시대 프랑스 예술의 유행 경향을 말해주고 있다. 그 당시 많은 그림이 환상적인 장소에서 남녀들이 모여앉아 사랑의 대화를 나누거나 꿈을 꾸듯 바라보는 그림들이었던 것처럼 로코코 양식은 관능적이고 감각적이었다. 위엄을 나타내기보다는 가벼운 느낌과 여성적인 매력을 가진 예술로 사람들을 만족하게 하려 했다.

장식에서는 직선이 점차 사라지고 자유스러운 곡선적 특징이 강한 문양이나 추상적인 표현들이 사용됐다. 세밀한 장식의 표현은 섬세한 매력과 함께 감각적인 아름다움을 선사하고 있었다. 이러한 표현들은 매우 가치 있고 최상의 조화를 이루고 있었다. 인간의 신체를 고려하여 안락한 크기로 제작된 가구들은 편안함을 느끼기에 충분하였고 작고 가벼워진 실내는 아담하고 세련돼 보였으며 우아하고 매력적인 여성미를 느끼게 했다.

로코코 시대에는 훌륭하고 새로운 형태의 가구가 많이 디자인되었고 안락함을 추구하는 형태와 기술 면에서 완벽함을 이루어냈다. 직선적 요소들은 가능한 한 보이지 않게 제작하려 애썼으며 어느 것이나 곡선의 형태를 사용하려고 한 노력도 볼 수 있다. 가구의 앞부분을 부풀려진 형태나 구불구불한 선으로 디자인한 것이 많은데 이를 봄베(bombe), 셀펜틴(serpentine)이라고 한다. C형 소용돌이 무늬도 그 시대에 자주 사용된 문양의 하나로 장식적인 요소들이 아주 과다하게 사용된 것을 볼 수 있다. 하지만 가구들은 매우 화려하게 장식되었음에도 완벽히 계획된 장식요소들을 배치함으로써 완성도가 높은 조화를 이룰 수 있었다.

루이 15세 양식은 비대칭의 원리가 특징인데 가구에서는 기본적인 형태를 대칭으로 하되 장식의 표현은 비대칭적인 배치를 통해 이루어지게 했다. 천부적으로 뛰어난 예술적 재능을 지닌 당시 프랑스 가구 공예가들은 이런 새로운 양식의 표현을 훌륭하게 해냈다. 풍부한 상상력과 출중한 예술적 능력은 비대칭적인 장식에서도 균형을 잃지 않았다. 아름다운 조화를 이루어 세련된 가구를 제작해내는 데 부족함이 없었고 비할 데 없이 훌륭한 작품들을 탄생시켰다.

가구 중에서 중국식 옻칠은 그 시대에 매우 인기 있고 높이 평가되었는데 초기에는 동양에서 옻칠이 된 판넬을 그대로 수입하여 가구로 제작하다가 후에는 옻칠기술을 습득하여 프랑스 국내에서 직접 만들게 된다. 훌륭하고 아름다운 옻칠작업으로 디자인된 화려한 장식은 오랫동안 인기를 끌었다. 옻칠과 마찬가지로 채색된 가구도 매우 인기가 있었다.

로코코 양식의 의자들은 모두 곡선이라는 특징을 가지고 있었다. 부드러운 곡선으로 디자인된 의자들은 천이 씌워진 바깥쪽의 테두리가 보이게 디자인되었으며 우아한 선이 강조되는 형태로 제작되었다. 그 시대에 잘 만들어진 대부분 의자는 캐브리올 레그(Cabriole Leg)로 디자인되었다. 우아한 선을 가진 다리는 마무리되는 부분을 소용돌이 형태로 끝처리를 하여 매력적인 곡선으로 보인다.

바로크와 비교하면 의자에 사용되는 직물의 패턴 크기가 현저히 작아진 것도 변화 중의 하나였다. 강한 붉은색을 선호했던 전 시대와는 달리 사용된 직물의 색상도 명도가 높고 부드러운 중간색이 많이 선택되었다. 의자는 여러 종류가 있었는데 그 중 '포테이(fauteuil) 의자'는 등받이와 좌석이 붙어 있지 않고 작은 천이 씌워진 팔걸이가 있는 의자로 등받이는 '칼투슈(cartouche: 소용돌이 형태나 꽃줄 같은 장식으로 둘러싸인 방패 또는 타원형의 장식)' 형태를 주로 사용하였다. '베르제르(bergere)'라는 명칭의 의자는 가장 특징적인 의자였는데 테두리와 다리를 제외한 모든 부분을 천으로 씌운 의자로 나지막한 팔걸이를 가지고 있다. 베르제르 의자는 매우 안락하고 매력적인 형태를 지닌 의자이며 기본 형태에서 조금씩 변형된 디자인으로 다양하게 제작되었다.

'코모드(commode)'는 그 시대에 가장 화려한 가구 중의 하나였다. 보통은 두 개, 많게는 네 개의 서랍이 있으며 가장 우아하고 아름다운 것은 두 개의 서랍을 가진 코모드였다. 몸체가 불룩하게 봄베형으로 돌출된 코모드는 윗면과 측면의 모습이 구불구불한 뱀모양을 연상시키는 셀펜틴(serpentine)이라고 부르는 곡선 형태를 지니고 있다. 그런 곡선을 따라 연결된 다리는 캐브리올 레그로 마무리되고 있으며 가구 전면에서도 칼투슈를 장식하여 직선 부분이 모두 가려지게 하였다. 상판은 대담한 무늬의 대리석을 사용하였다. 몸체는 화려한 목상감기법과 섬세한 표현으로 만들어진 청동장식으로 디자인되었다. 높은 수준의 가구제작기법을 마음껏 발휘했던 그 시대 장인들의 솜

뷰로 드 로이
(출처: www.livejournal.com).

씨가 매우 훌륭했음을 알 수 있다.

편지를 많이 썼던 시대적 특징은 다양한 종류의 책상들을 발달시켰는데 책상 윗면이 평평한 '뷰로 플랫(bureau plat)'은 루이 15세 가구 중 가장 유행했던 가구였다. 루이 15세의 책상으로 매우 유명한 '뷰로 드 로이(bureau de roi)'는 원통형의 책상이며 두 명의 제작자를 걸쳐 9년 만에 완성한 것으로도 유명하다. 경사진 앞면을 가진 책상으로는 '뷰로 아빵뜨(bureau a pente)' 등이 사용되었다.

영국의 로코코 시대는 두 가지 양식으로 분류해 볼 수 있는데 앤 여왕 양식(Queen Anne, 1702~1714)과 초기 조지안 양식(Early Georgian, 1714~1750), 그리고 가구제작자였던 치펜데일(Chippendale, 1745~1765) 양식으로 나뉘어 발전하였다.

가구제작의 황금기라고 알려진 영국의 로코코 시대 가구는 급속한 경제발전을 이룩한 앤 여왕으로부터 비롯되었다고 할 수 있다. 이전에 비교해서 부를 이루게 된 사람들이 많이 생겨나 더욱 안락한 집을 원하는 자들이 늘어나게 되고 자연적으로 가구에 대한 수요 또한 증가하게 되었다. 이러한 수요는 다양하고 훌륭한 가구들이 등장하게 된 배경이 되었으며, 대륙에서의 가구수입 등을 통해 다양한 종류의 가구들이 영국가정에서 사용되었다. 특히 프랑스로부터의 가구수입은 오랫동안 지속하였다고 한다. 앤 여왕 양식의 가구는 우아한 곡선이 특징이었는데 세련된 비례미를 가지고 있다. 간결함에서 느껴지는 매력은 다른 가구양식과 구별되는 특징을 지니고 있었다. 의자의 등받이에서 나타나는 꽃병 형태의 지지대와 캐브리올 레그를 가진 퀸 앤 양식의 독특한 의자는 그 시대 가구의 특징이라고 할 수 있다. 퀸 앤 양식의 의자들은 등받이 모서리가 둥글게 굴려진 형태로 디자인되었으며 캐브리올 레그는 더욱 넓어졌다. 넓어진 다리 무릎 부분에는 다양한 조각으로 장식되었다.

초기 조지안 양식의 다리에서는 캐브리올 레그 끝 부분이 다소 넓적한 둥근 형의 클럽 풋(club foot)이거나 짐승의 발톱으로 작은 공을 잡고 있는 형태인 클로 앤드 볼 풋(claw and ball foot)으로 끝 부분을 장식했다. 특징적인 조각의 종류로는 퀸 앤 시대에 즐겨 사용된 조개 문양 조각이 있으며 1725년경 가장 화려한 발전을 보인 사자 머리 조각장식도 있다. 사자 다리와 머리털도 의자의 조각장식에서 나타나 있다. 17세기에 처음 만들어진 윈저 의자는 현재까지 사용되고 있는 특징이 매우 뚜렷한 의자이며 책상과 테이블, 서랍장, 체스트, 화장대, 게임용 테이블 등이 그 시기에 널리 사용되었다.

영국 로코코에서 가구 제작자의 이름이 가구양식의 명칭이 된 '치펜데일 양식'이 있다. 토마스 치펜데일(Thomas Chippendale 1718~1779)은 가구제작자의 아들로 태어나 그 역시 가구제작자로 전 생애를 보냈는데 1754년 『The gentleman and cabinet maker's director』라는 가구입문서를 출판하게 되면서 크게 이름을 떨치게 된다. 그의 책에는 160개의 가구디자인에 관한 그림이 실렸으며 대부분의 디자인은 로코코 양식, 중국풍, 고딕풍의 가구들로 구성되었다. 책에 소개된 그의 가구들은 창조된 새로운 디자인이라기보다는 이전의 스타일이나 장점들을 모아 다양한 가구 형태로 보여주었다. 가구소재에 대한 자료들과 공예기술에 관한 것까지 실린 첫 번째 책은 발간되자마자 완판될

치펜데일 양식
(출처: www.museumfurniture.com)

정도로 인기가 매우 좋았다. 일찍이 홍보의 중요성을 알아차린 치펜데일은 책의 성공으로 큰 명성을 얻게 되었고 그 이후에는 책의 영향이 너무나 커져 18세기 중반의 가구들은 모두 치펜데일 디자인이라고 불릴 정도가 되었다고 한다. 책이 출간된 이후 이제 고객들도 그의 책을 보면서 더욱 쉽게 자신들이 원하는 가구를 주문할 수 있었다고 한다.

1740년경부터 영국의 가구는 마호가니 시대로 접어들게 되는데 치펜데일 양식은 이러한 마호가니 가구의 인기와 더불어 그 시대 가구디자인에 많은 영향을 주게 된다. 치펜데일 양식으로 디자인된 의자들의 특징으로는 다양한 등받이의 형태를 들 수 있다. 마호가니를 다루는 제작자들의 기술이 발전하여 매우 섬세하고 정교한 등받이 조각이 훌륭하게 완성될 수 있었다. 리본이 아름답게 펼쳐진 형태나 중국풍의 격자형태 등이 의자등받이 조각으로 훌륭하게 제작되었다. 아름답게 조각된 의자등받이는 대부분 좌판과 연결되어 만들어졌는데 의자 제작기술이 발전하면서 점점 더 뚜렷하고 정교한 뚫새김으로 세련된 솜씨를 보이게 된다. 이 중 가장 특징적인 것은 립밴드 백 (ribband-back)이라고 부르는 형태인데 리본이 펼쳐진 것처럼 흐르는 듯한 우아한 선의 특징을 만들어낸 의자등받이 디자인으로 매우 유명하다.

전기 신고전

고대문화의 발견과 이성의 시대

　매혹적인 곡선과 충만한 장식, 그리고 세련된 제작기술의 완성도를 보여줬던 로코코 양식도 점점 쇠퇴기를 맞게 되고 1700년대 중반 '전기 신고전 양식'이 나타나게 된다. 'Neo classicism'이라고 부르는 신고전 양식은 전기와 후기로 나뉘어 발달하게 되는데 전기 신고전은 이전 시대와 비교하면 곡선적 요소가 사라지고 대칭을 원칙으로 삼는 디자인적 특징이 있다. 그리고 고대 로마유적지의 발굴 덕분에 고대문화에 관한 관심도 급증했다. 가구디자인에서도 로마와 그리스의 문화를 바탕으로 한 디자인 양식이 전개되고 형태와 비율, 단순미와 절제

프랑스 전기 신고전
(출처: www.wikipedia.org).

가 기본 이념이 되었다. 그리하여 프랑스와 영국을 중심으로 뚜렷이 구별되는 전기 신고전 양식만의 특징을 가지며 발달하게 됐다.

프랑스의 전기 신고전 양식은 루이 16세 양식과 같은 의미로 볼 수 있는데 루이 16세가 즉위했을 당시에는 귀족들의 오랜 기간에 걸친 사치 생활로 재정적 위기 상태를 맞고 있었다.

그 시대 가구디자인은 이성적인 절제, 논리적인 디자인, 형태와 비율의 단정함을 보이며 전개되었다. 고대 그리스와 로마의 문화에 대한 열렬한 관심은 가구양식에서 뚜렷하게 나타나기 시작했다. 억제된 표현과 균형 잡힌 형태는 고상함으로 나타났다. 가구에서의 곡선적인 요소는 점차 직선적인 형태로 변화하였으며 정교하고 완벽한 기술을 보인 청동 주물 장식 덕분에 매우 섬세했다. 곡선적 요소가 사라지면서 소용돌이 형태의 가구 다리 또한 사라졌다. 점점 가늘어지고 원통형 또는 사각형 단면을 가진 가구 다리가 주를 이뤘고 나선형이나 세로로 홈을 파서 아름답게 장식하였다. 가구 다리의 또 다른 특징으로는 의자 좌판 목재와 닿는 다리의 맨 윗부분이 네모난 형태이며 그 네모 안에는 보통 꽃문양이 조각되어 있다.

루이 16세 양식의 의자는 로코코 양식인 루이 15세 양식의 의자와 비교하면 편안하지는 않았다. 인체를 배려한 부드러운 곡선은 직선으로 바뀌었고 각 부분의 연결부위는 경계를 명확히 보이면서 의자의 아름다움을 감소시켰다. 천을 씌운 의자들은 '포테이'나 '베르제르 의자', 누울 수 있는 의자인 '뒤세스(ducheese)'가 있었으며 이들은 계속 유행했다. 가구장식의 하나로 도자기 장식도 있었는데 매우 화려한 색상과 표현기법으로 주로 여성용 작은 가구에서 발견된다. 특히 '웨지우드'에서 제작했던 흰색 양각이 도드라지는 가구장식용 도자기는 매우 독특했다.

영국의 전기 신고전 디자인은 1760년 조지 3세의 즉위와 함께하는데 영국 신고전 양식을 발전시킨 이는 로버트 아담(Robert Adam, 1728~1792)이란 건축가였다. 높은 명성을 누렸던 아담의 건축 스타일은 세련되고 우아했다. 고전문양이 베풀어진 그의 디자인은 뛰어난 감각을 발휘하며 다양한 조화를 이루었다. 그 당시 영국의 훌륭한 많은 저택이 아담에 의해서 장식되었다. 실내 건축 장식과 더불어 많은 가구도 디자인했는데 초기 디자인은 형태보다는 세부 장식에 변화를 주었다. 아담의 가구 중 의자 디자인은 점차 아담의 건축 스타일에 어울리는 형태로 바뀌어 고전장식의 실내와 조화를 이루게 했으며 멋진 장식과 화려한 색채, 훌륭한 비례를 가진 코모드 디자인은 매우 아름다웠다.

18세기 가장 중요한 가구제작자 3인 중 한 명인 헤플화이트 (George Hepplewhite, 172?~1786)의 가구양식은 1780년부터 1795년 사이에 영국에서 유행했으며 토마스 치펜데일과 마찬가지로 1788년 출간한 『Cabinet maker and upholsterer's guide』란 그의 책을 기반으로 하고 있다. 이 책은 가구제작자였던 헤플화이트가 사망한 지 2년 뒤에 그의 부인 엘리스에 의해 출판되었다. 풍부한 상상력을 바탕으로 한 창의적인 디자인이라기보다 그 당시에 유행하던 가구의 스타일을 집약해 낸 것이라고 보면 될 것 같다. 그 시대에 로버트 아담이 부유층을 위한 디자인을 주로 했던 것과 비교해 헤플화이트의 가구는 좀 더 대중적이었는데 우아한 형태와 합리적인 디자인의 가구들로 구성된 그의 책은 가구제작자들이 실제 제작이 가능하도록 상세한 설명을 한 책이었다.

　헤플화이트 가구의 특징은 의자 디자인에서 강하게 나타나 있다. 단순한 형태이지만 우아하고 정교한 표현에서 느껴지는 세련됨이 매우 훌륭했다. 현대에 이르기까지 많은 디자이너에게 영감을 주었던 그의 디자인은 그 영향력이 매우 컸다고 할 수 있다. 대표되는 의자 등받이 디자인으로는 방

헤플화이트 양식
(출처: www.wisc.edu).

패형과 하트형이고 등 지지대 부분은 섬세한 조각으로 이루어져 있다. 장식문양으로 꽃, 깃털, 밀 이삭, 화병, 리본 등의 형태가 사용되었으며 정교한 조각장식으로 표현되었다. 의자 다리의 형태는 가늘고 곧으면서 아래로 내려올수록 가늘어지는 사각기둥형을 즐겨 사용하였다. 사각기둥형의 다리에는 세로로 오목한 홈이 있고 종종 원통형 다리를 제작하기도 했다. 사실 이러한 디자인들은 헤플화이트가 창조했다기보다는 그 시대에 유행했던 가구들을 한데 모아 소개한 것이라고 볼 수 있다. 비록 헤플화이트의 책에서 보이는 가구들이 창의성이 풍부하지 않다고 할지라도 실질적인 가구제작과 디자인에 관해 상세한 안내를 했던 그의 가구지침서는 분명히 소중한 가치가 있다.

치펜데일, 헤플화이트와 더불어 18세기 영국의 가구제작자로 유명한 세 번째 인물인 토마스 쉐라톤(Thomas Sheraton, 1751~1806) 역시 『The cabinetmaker and upholsterer's drawing book』이란 책을 출간하였다. 쉐라톤 양식도 그의 책에 수록된 디자인으로 설명되며 당시의 가구제작자들을 위해 출판된 것이었다. 책에 수록된 그의 디자인들은 매우 섬세했고 경쾌한 형태였으며 훌륭한 비례미를 보여준다. 쉐라톤은 이 책이 가구에 대한 현재의 취향을 보여주고, 가구를 제작하는 사람들에게 도움을 주려는 목적이 있다고 서술하고 있다. 그의 책에 그려진 가구들을 보면 쉐라톤은 직선을 선호했던 것 같다. 수직선을 강조한 기본 형태에 보태진 섬세한 디테일들을 잘 보여주는 도면에서 쉐라톤 양식의 특성이 매우 잘 표현되고 있었다. 그

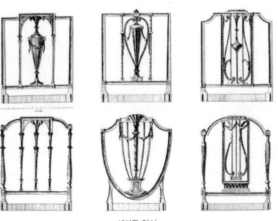

쉐라톤 양식
(출처: www.artnewsnviewa.com).

는 가구에 있어 뛰어난 감각의 소유자였으며 그런 감각들을 도면을 통해 그려낼 수 있었다. 직선을 선호했던 쉐라톤의 의자 등받이는 주로 직사각형이거나 정사각형의 사각 형태를 보였으며 경우에 따라서는 곡선을 사용하기도 했다.

등받이 장식으로 깃털형, 가느다란 막대형, 격자형으로 교차된 다이아몬드형태가 사용되기도 했다. 의자들은 원형이거나 사각형의 다리가 주로 사용되었는데 쉐라톤은 원형의 다리를 더 즐겨 사용했던 것 같다. 아래쪽으로 갈수록 가늘어지는 원통형의 다리는 안쪽으로 오목한 세로줄의 플루팅(fluting)이거나 바깥으로 볼록한 리딩(reeding) 또는 나선형으로 조각되었다.

후기 신고전

개혁과 고전의 재발견

후기 신고전 양식은 프랑스에서는 '디렉트와르 양식'과 '엠파이어 양식'으로 나뉘어 전개되었다. '태양왕'이라고 불리었던 루이 14세 시절부터 루이 16세에 이르도록 호화로운 생활을 이어가던 프랑스 왕가는 심각한 재정악화위기를 맞게 되었다. 잘못된 정치적 판단 때문에 결국 프랑스 대혁명을 맞이하게 됐고 루이 16세는 단두대에서 처형당하고 만다. 이러한 혼란스러웠던 시기에 나폴레옹이 황제로 등극하여 제정시기가 오기 전까지 과도기적인 시기에 프랑스에서 유행했던 가구양식을 '디렉트와르 양식'이라고 한다. 1790년경 유행했던 가구경향을 보면 고대 그리스적인 특징이 나타난 것을 볼 수 있으며, 대부분 가구들은 기본적으로 루이 16세의 양식을 가지고 있었지만 느껴지는 선들은 점차 딱딱해지고 엄격해지는 것을 볼 수 있다. 즉, 고대의 정신을 모방하려 했지만 달라진 시대에 맞추어 새로운 형태의 가구들을 제작해야 했던 것이다. 그 결과 육중하고 거대하며 단순한 형태의 가구가 만들어지게 된다. 조각은 거의 사라졌으며 오몰루 마운트(omulu mount: 주물 청동장식)가 장식으로 사용되었다.

의자 디자인에서는 고대 그리스의 클리스모스 의자가 재조명되었다. 디렉트와르 양식에서 다양한 의자가 제작되었지만 가장 많았던 것은 등받이의 윗부분이 바깥쪽으로 말아 감긴 형태와 등받이가 안쪽으로 오목한 디자인이었다.

나폴레옹이 황제로 등극하자 건축과 장식 전반에 새로운 스타일이 등장하게 되는데 과거의 장식을 없애버린 새로운 공화국에 어울리는 디자인이었다. 이렇게 나타나게 된 것이 '엠파이어 양식'이다. 이 양식은 나폴레옹과 매우 관련이 깊어서 엠파이어 양식이라 부르게 되었고 그 시대가 겪었던 정치적, 사회적 변화와 함께 중요한 의미가 있다. 그 당시 장식예술가들은 거의 전 유럽을 정복했던 나폴레옹에게는 과거 위대한 황제들이 사용했던 장식들이 가장 적합하다고 생각했다. 이런 이유로 고대에 사용되었던 장식들을 다시 재조명해서 사용하고자 했던 것이다.

엠파이어 양식은 이전의 안락하고 매력적인 가구들의 장점

엠파이어 양식
(출처: www.culture.gouv.fr).

들을 버리고 편하지도 않는 딱딱한 가구양식을 채택했다. 가장 큰 특징이라면 철저한 대칭의 원리를 적용한 것과 매우 뚜렷한 선을 가진 점이다. 가구에서 표면의 장식은 거의 오물루 마운트였는데 지나칠 정도로 장식되었다. 가구장식에서는 몇 가지 특징이 나타났다. 고전적인 모티브들과 고대 이집트와 그리스, 로마의 장식들이 사용되었던 것 말고도 제국을 상징하는 독수리나 나폴레옹의 부인이었던 조세핀을 상징하는 백조 조각이 그것이었다.

경직되어 보이고 차갑게 느껴지는 엠파이어 스타일은 고전이라고 부르는 프랑스의 마지막 가구양식으로 나폴레옹시대에 약 십 년간 전성기를 맞이하게 된다. 길지 않은 전성기를 보낸 엠파이어 양식은 후기로 와서는 가구 형태와 장식이 조잡해지며 쇠퇴의 길을 가게 된다.

같은 시기 영국에서도 고대 그리스에 대한 동경이 나타나게 되는데 1795년에서 1820년 사이의 길지 않은 기간 동안 '리젠시(regency)'라고 부르는 가구 양식이 등장했다. 고대 그리스의 유물과 장식들을 그대로 모방하고 고대 정신을 되찾고자 했던 시기였다. 또한 나폴레옹의 이집트 원정은 영국인들이 이집트 미술에 관심을 끌게 되는 기회를 만들어 주었다. 19세기 초 영국은 고대 그리스 미술에 완전히 매료되어 있었다. 이런 관심은 간결하고 우아한 그리스적 미술을 이상으로 삼아 단순하고 엄격함으로 표현되는 가구를 제작하는 것으로 나타나게 된다.

리젠시 양식 가구들의 전체적인 인상을 보면 불필요하게 과도한 장식은 보이지 않는다. 고대 그리스와 로마에서 영감을 받은 단순한 형태가 특징이며 특히, 그 시대의 의자는 그리스의 클리스모스 의자를 기본 형태로 한 다양한 의자들이 제작되었다. 클리스모스 의자의 다리모양을 가지고 있어 의자 안쪽으로 크게 휘어있는 다리는 우아함을 지니고 있으며 리젠시 양식의 대표적인 의자라 할 수 있다. 또한 팔걸이가 매우 큰 곡선을 이루는 의자도 그 시대를 대표하는 특징 중의 하나였다.

빅토리아 시대

역사주의와 산업혁명

1837년 영국에서는 빅토리아 여왕이 즉위한다. 이 시기는 근대적인 산업이 엄청난 규모로 성장하고 발달한 시기로 나날이 발전하는 기계들은 혁명과 같이 빠른 속도로 전통적인 수공업을 대신하게 되었다. 더불어 기술을 가진 수공예 시대의 기술자들이 서서히 사라지게 되는 시기이기도 하다. 이 시기에는 가구 특징에서 뚜렷하게 나타나는 것이 없고 여러 가지 스타일이 혼합된 것처럼 보였다. 과거의 스타일을 복제하고 혼용하는 것이 특징이었으며 고딕 스타일이 다시 등장한 것도 주목할 일 중 하나이다. 1851년 개최된 수정궁(crystal palace)에서의

'런던 산업 대박람회'는 그 시대 사람들의 취향을 엿볼 큰 기회였다. 산업발전을 통해 생산된 제품들을 한자리에 모아 보려는 박람회였지만 출품된 제품 중에는 예술적인 가치를 지닌 수공예품도 많았다고 한다. 화려한 가구에 심취해 있던 빅토리아 시대 사람들의 기호를 반영하듯 빅토리아 시대의 가구에는 장식적인 모티브가 빈틈없이 꽉 차 있었다.

미술 공예 운동(Arts and Crafts movement)

과학과 산업의 눈부신 발전을 이끌었던 영국의 산업 혁명으로 그 이전까지 수작업으로 생산되었던 미술공예 제품들이 기계로 대량생산이 가능하게 되었다. 하지만 기계로 생산된 제품들은 수작업으로 제작된 제품들보다 질적으로 떨어지는 경우가 많았다. 이러한 폐해 때문에 다시 수공예 시대의 정신을 되찾자는 주장이 등장하게 되었는데 이 운동을 '미술 공예 운동'이라고 한다. 이 중심에는 윌리엄 모리스(William Morris, 1834~1896)가 있었는데, 1850년에서 1914년까지 진행된 '미술 공예 운동'의 목표는 전통적으로 이어져 오던 우수한 수공예품의 생산과 그 장인정신을 높이 장려하자는 것이었다. 기계로 생산된 저질 생산품들이 소비자들을 격하시키는 것에 불만이 컸던 윌리엄 모리스는 수공예품이 훨씬 더 우월하다는 신념으로 전통적인 생산 방법으로 돌아가기를 원했고 1861년에는 '모리스·마셜-포크너 사(Morris, Marshall, Faulkner & Co.)'를 설립, 벽

지와 타피스트리 및 가구 등을 생산하였다. 하지만 그의 신념은 현실적 인식이 부족했다. 대중을 위해 아름답고 실용적인 제품을 생산하겠다던 그의 목표는 비싼 가격 탓에 많은 사람에게 혜택을 주지는 못했다. 비록 모리스의 미술 공예 운동이 성공하지 못했다 할지라도 수공예의 가치를 확립한 근대 디자인 운동의 시초라는 점에서는 큰 의미가 있다.

이 시대 가구는 고딕양식의 부활을 주장하며 간결하고 꾸밈없는 형태와 자연소재를 선호하여 장식적인 조각도 거의 하지 않았다. 또한 전통적인 제작 기법과 목재의 정직한 구조도 특징 중 하나다. 가구 공예가로는 찰스 로버트 애쉬비(Charles Robert Ashbee), 아서 맥머도(A. Mackmurdo), 에드워드 윌리엄 가드윈(Edward William Godwin), 찰스 보이지(Charles F Voysey) 등이 있다.

19세기 후기의 가구디자이너들

마이클 토넷 (Michael Thonet, 1796~1871)

독일에서 태어난 마이클 토넷은 새로운 목재 가공방법 연구에 몰두해 있었다. 가구제작에 더 혁신적인 방법을 도입하고자 했던 그는 마침내 나무를 증기에 쪄서 구부리는 곡목 성형 방식 기술개발에 성공했다. 그 결과 더 합리적이고 근대적인 의미를 담은 의자들을 대량생산할 수 있게 됐다. 또한 1856년 특허 등록을 마치고 더 많은 대중에게 공급하고자 혁신적인 포장 방법을 고안했는데 No.14 의자는 여섯 조각의 부품형태로 포장·운송하였다. 부피가 현저하게 작아진 포장방법은 수출에도 유리했고 경비절감 효과도 컸다. 1859년부터는 제품 카탈로그도 제작하여 가구 주문이 편리하게 이루어질 수 있도록 했다. 이런 점들은 토넷 이전에는 시도하지 못했던 방법으로 진정한 근대로의 첫 발걸음이라 할 수 있다. 1851년 영국의 산업 대박람회에도

마이클 토넷 – Thonet
(출처: chair–www.thonet.de).

출품했고, 이 밖에도 수많은 박람회에 참가하여 대중에게 널리 알려졌다. 이전 시대의 가구 발전단계를 돌아보면 마이클 토넷이 얼마나 획기적인 디자이너였는지 알 수 있다. 현재까지도 계속 생산하고 있는 토넷의 의자들은 진정한 대중의 의자였다.

프랭크 로이드 라이트(Frank Lloyd Wright, 1867~1959)

미국의 건축가 프랭크 로이드 라이트는 유기적인 건축을 추구했다. 가구도 건축의 한 부분으로 생각해야 하며 모든 가구는 그 주택과 함께 하나의 통합된 개념으로 보아야 한다는 것이 그의 주장이었다. 그는 역사주의를 반대했으며 유기적인 디자인을 실천하고자 했다. 건축에서도 겉모습이 중요한 것이 아니라 실내에서의 생활과 공간을 중요하게 생각했다. 산업기계의 경제적 가치를 인정했으며 19세기 중반 이후에 유행했던 일본미술의 영향을 받아 디자인에서도 그 영향이 나타난다.

아르누보 (Art Nouveau)의 물결

유기적인 선의 새로운 양식

뚜렷한 개성이 없는 혼합된 양식이 19세기 말 즈음까지 이어졌다. 이러한 역사주의적인 양식에서 벗어나고자 하는 욕구는 새로운 조형에 대한 도전으로 나타나게 되었는데 그것은 지금까지 없었던 새로운 개념의 미술공예였다.

1890년대 즈음 과거로부터 탈피하여 새로운 형태를 탐구하고자 했던 '아르누보(Art Nouveau)' 양식은 유럽 전 지역으로 퍼져 나가게 된다. 아르누보는 그 시대를 지배하고 있던 기존의 미술양식에 대한 하나의 저항 운동이었다. 자연의 유기적인 형태로부터 영감을 받은 아르누보 디자인은 생동감이 넘쳤다. 자연에서 느껴지는 동적인 선의 표현이 매우 독창적이고 장식적이었다. 자연주의를 바탕으로 한 환상적인 선들의 비대칭적인 구성 요소들은 아르누보 양식의 특징이라고 할 수 있다. 아르누보라는 이름은 1895년 파리에서 문을 열었던 사무엘 빙(Samuel Bing, 1838~1905)의 미술 공예품상점인 '메종 드 아르누보(Maison de L'art nouveau)'라는 상점 이름에서 유래되었다. 사무엘 빙은 아르누보 발전에 결정적인 역할을 한 인물이었다. 빙은 하나의 통합된 개념으로서의 생활공간을 만들고자 했다. 아르누보 양식의 특징 중 하나는 어느 한 부분의 장식이 아닌 실내 전체를 구상하는 통합적인 미술 방식에 있었다. 그리하여 생활공간 전체에 영향을 주게 되었는데 세세한 부분까지 완벽한 조화를 이루고자 하는 공간에 관한 관심은 현대의 실내디자인 개념으로 발전하게 된다. 아르누보 양식의 가구특징은 실내를 구성하는 모든 품목의 발상을 통일시킨 '앙상블' 개념이었다. 아르누보 가구에서 직선적인 느낌은 거의 느껴지지 않으며 흐르는 듯한 선의 표현은 가구의 재료인 목재를 인식하지 않는 듯 매우 자유로웠다.

아르누보가 처음으로 활발히 전개된 곳은 벨기에였다. 그곳에서는 빅터 오르타(Victor Horta, 1861~1947)가 아르누보 양식의 혁신적인 방법으로 주택을 디자인하여 찬사를 받았다. 가구디자이너로는 앙리 반 데 벨데(Henry Van de Velde, 1863~1957)가 활발하게 활동하였는데 가구디자이너이자 건축가였던 그는 새로운 형태를 선도해 나갔다. 또한 모든 역사적인 관습에서 벗어나 간결하면서도 새로운 아르누보풍의 가구들을 디자인하였다.

건축과 조화를 이루었던 장식들과 선을 중요시했던 그의 가구들은 곧 사람들의 관심을 끌게 되었다. 그 성과로 그는 국제적인 아르누보 미술운동의 중심에 서게 되며 활발한 활동을 펼치게 된다.

독일에서는 아르누보 양식이 '유겐트스틸(Jugendstil)'이란 이름으로 뒤늦게 전개되었다. 장식미술 전반에 걸쳐 기하학적이고 장식을 배제한 형태가 나타났다. 독일의 유겐트스틸은 앙리 반데 벨데의 영향이 매우 컸다. 주택에 들어가는 모든 물품을 하나의 통합된 개념으로 디자인해야 한다는 것이 그의 이론이었다. 가구디자이너로는 대각선 받침대가 있는 의자로 유명한 리하르트 리머슈미트(Richard Riemerschmid, 1868~1957)가 있다. 그는 목재의 질감만으로도 장식은 충분하다고 여겨 오직 가구의 형태에만 몰두했다고 한다. 리머슈미트의 '음악실을 위한 의자(1899)'는 현재까지도 생산되고 있다고 한다.

브루노 파울(Bruno Paul, 1874~1968)은 건축가이자 실내디자이너이며 가구디자이너였다. 그는 자기의 가구에서 나타나는 분명하고 긴장감이 느껴지는 선의 형태로 주목을 받았으며 처음부터 생산을 목표로 한 디자인을 계획하였다고 한다.

아르누보 양식이 가장 오랫동안 인기 있었던 곳은 프랑스였다. 수도인 파리 외에 아르누보가 활발히 펼쳐진 또 한 군데 지역이 있었는데 그곳은 '낭시(nancy)'였다. 보통 '낭시파'라고 부르기도 하는데 루이 마조렐(Louis Majorelle, 1859~1926)과 에밀 갈레(Emile Galle, 1846~1904), 엑토르 귀마르(Hector Guimard, 1867~1942)

등이 있다. 낭시 아르누보의 특징으
로는 꽃과 식물이 주제이며 자연에서
영감을 받은 형태와 선들이 그들의
작품에 나타난다.

　에밀 갈레는 가구디자이너이자 유
리 공예가였다. 프랑스 아르누보 가
구디자이너 중 가장 뛰어난 재능을
가졌으며 1884년 즈음부터는 독자
적인 그의 아르누보 스타일이 나타나
기 시작했다. 꽃과 식물을 주제로 삼

에밀 갈레 – 초원의 요람 의자.

은 그의 작품들은 큰 주목을 받는다. 그는 가구 공방을 운영
했는데 그의 가구에서는 곤충과 식물이 모티프가 되어 가구의
조각과 상감 장식의 주제로 쓰였다. 1902년에 제작된 '초원의
빛'이라는 제목의 의자는 꽃을 소재로 한 낭시파의 특징이 잘
나타난 의자로 이전 양식에서 보지 못했던 새로운 디자인이 돋
보인다.

　루이 마조렐은 천부적인 재능을 지닌 디자이너였으며 뛰어
난 장인의 기술을 가진 최고의 제작자이기도 했다. 우아하고
세련된 비례미를 갖춘 그의 가구들은 부드러운 선과 유연한 감
각을 지닌 디자인으로 매우 돋보였다. 그의 뛰어난 미적 감각
은 그 시대 비평가들에게 열렬한 환호를 받았다. 수많은 아르누
보 양식의 작품을 남긴 그가 디자인하고 제작한 가구들은 세
련된 감각과 뛰어나 제작기술로 놀랄만한 것이었다. 1903년 작

'오키드 책상'은 그의 뛰어난 작품으로 유명하다.

엑토르 귀마르는 건축가이자 가구디자이너로 자칭 예술 건축가였다. 그는 건축 작업과 함께 가구도 디자인했는데 1897년에 제작한 '흡연실 의자'에서는 비대칭적인 형태와 흐르는 듯한 큰 선들이 이루어 내는 아르누보적 감성이 잘 드러나고 있다. 엑토르 귀마르가 디자인한 '파리 지하철 입구'는 아르누보의 특징적인 선으로 표현되었는데 귀마르의 대표적인 건축물로 프랑스 아르누보의 상징이 되었다.

대부분 아르누보 가구들은 과거에서 탈피하여 자유롭게 표현되었다. 유기적인 선들로 환상적이기까지 했지만 사치스럽고 지나친 장식은 오히려 아르누보가 쇠퇴하게 되는 원인이 되고 말았다.

직선으로 표현된 아르누보

영국에서 아르누보는 매우 다른 양상을 보이며 발전했다. 일반적인 아르누보의 특징으로 나타나는 유기적인 선이 보이지 않는다. 영국 아르누보 양식의 중심에는 찰스 레니 매킨토시(Charles Rennie Mackintosh, 1863~1928)가 있다. 매킨토시는 아르누보 작가 중 가장 독창적인 디자이너의 한 사람으로 직선적인 아르누보 양식을 전개했다. 매우 강한 개성을 지닌 그의 아르누보 가구들은 영국의 글래스고우 지역을 중심으로 발전하였다.

어려서부터 남다른 소질을 가지고 있었던 그는 나중에 '글래스고우 미술학교'가 된 공예학교에 다녔고 수업을 받은 약 8

년 동안 각종 상을 휩쓸었다고 한다. 졸업 후 제도사로 일했던 '허니맨 앤드 케피 사'에서 만나게 된 '맥네어'와 '맥도날드 자매'와 함께 '더 포(The Four)'라는 4인 그룹을 만들게 된다. 더 포 그룹은 독창적이고 새로운 장식을 디자인하기 위해 부단히 노력했으며 얼마 지나지 않아 글래스고우에서 가장 유명한 그룹이 되었다. 매킨토시는 건축가이자 가구디자이너, 인테리어 디자이너였다. 또한 과장되지 않은 독창적인 스타일을 창조해 낸 디자이너로 널리 알려졌다. 그는 실내와 가구에서 특히 뛰어난 실력을 발휘했는데 1896년

찰스 레니 매킨토시
- 힐 하우스 의자
(출처: www.bonluxat.com).

에 맡게 된 글래스고우 미술학교의 신축설계는 매킨토시에게 국제적 명성을 얻게 해준 계기가 되었다. 선구적인 현대건축으로 지어진 미술학교의 건축과 함께 제작된 가구에서는 매킨토시의 독창적인 형태들이 이미 출현하고 있었다. 그리고 같은 해에 알게 된 찻집 경영인 '캐더린 크랜스턴'이 그녀의 찻집을 장식해달라는 의뢰를 하게 된다. 크랜스턴은 매킨토시에게 가장 중요한 고객이었는데 그녀가 원했던 것은 남녀 구분 없이 좋은 공간에서 차를 마시고 식사를 할 수 있는 우아하고 아름다운 찻집을 만드는 것이었다. 그녀는 모두 다섯 개의 찻집을 열

게 되었는데 '아가일(Argyle)' 거리의 찻집을 위해 매킨토시는 처음으로 높은 등받이를 가진 '아가일 의자(Argyle chair)'를 디자인하게 된다. 아가일 찻집의 높은 등받이 의자 디자인은 매킨토시를 가구디자이너로 유명해지게 만들었다. 찻집의 의자들은 그리 편하지는 않았다. 어둡게 착색된 참나무로 만든 의자들은 높고 똑바로 세워진 등받이 때문에 등을 꼿꼿이 세우고 앉아야 했다. 그러나 기능보다는 장식적인 측면에 더욱 관심이 컸던 매킨토시는 외관을 더 중요시했다. 찻집의 의자는 매우 우아했으며 높은 등받이 덕분에 시선이 차단되고 공간을 나누는 효과도 있었다.

매킨토시의 가구는 특히 수직선이 강조되어 그의 의자들은 직선적인 느낌이 강하게 든다. 장식을 배제한 단순함과 추상적인 선들은 그가 장식했던 실내 공간에서 특유의 정적인 절제미의 매력을 보이고 있다. 매킨토시는 대부분 그가 직접 건축이나 실내 디자인을 맡은 주택의 가구만 디자인했다고 하는데 글래스고우 북쪽에 있는 헬렌스 버러의 '힐 하우스' 가구들도 그런 예이다. 힐 하우스는 오늘날 아르누보의 종합미술작품으로 평가되는 위대하고 중요한 건축물이며 건물뿐만 아니라 그곳을 위해 디자인된 가구들도 매우 중요한 의미를 지닌다. 정해진 개념에 따라 계획된 가구들은 공간마다 조화롭게 대응하고 있으며 이것은 이미 윌리엄 모리스가 주장했던 '개별적인 것이 아닌 전체와의 조화', 즉 통합된 실내장식의 개념이 잘 실현된 중요한 예가 되는 것이다. 힐 하우스의 하얀 실내 공간 속에서 상징성을 내포하고 있던 '힐 하우스 체어(1904)'는 기하학적이고 추상적인 형태로 20세기 디자인의 영원한 이미지로 남게 된다.

비엔나 분리파(Vienna secession)의 가구디자이너들

오스트리아에서는 독자적으로 '세셋션(Secession)'이라는 이름으로 아르누보를 전개했다. '분리파'라고 불리는 이 세셋션 운동은 그들 고유의 독창성을 추구했다. 초기에는 아르누보 양식으로 디자인되었으나 나중에 가서는 직선의 미학을 선택하게 된다.

오토 와그너(Otto Wagner, 1841~1918)는 세셋션 운동의 주요 인물로 그의 가구들은 매우 현대적인 특징이 있다. 바그너의 가장 위대한 건축 작품인 '빈 왕립 우체국 은행'을 위해 디자인된 의자는 매우 단순했다. 기능에 충실하도록 디자인된 모던한 감각의 의자이다. 다리 끝부분과 팔걸이 윗부분에 있는 금속 장식들은 매우 평범해 보이지만 가구에서 가장 많이 부딪히게 되는 다리의 끝과 팔걸이에서 손이 많이 닿는 부분을 보호하는 목적을 가지면서 포인트가 되는 장식의 역할도 동시에 하고 있다. 장식보다는 기능을 중요시했던 와그너의 정신은 이후 모더니즘 작가들의 중요한 이념이 된다.

요제프 호프만(Joseph Hoffman, 1870~1956)은 세셋션의 공동 창립자이다. 건축가이자 디자이너였던 그는 매우 재능 있는 예술가였다. 함께 전시했던 스코틀랜드의 매킨토시와의 만남은 호프만에게 매우 큰 영향을 주었다. 매킨토시의 기하학적인 선

요제프 호프만 – 앉는 기계
(출처: www.wikipedia.org).

에 매료된 호프만은 1903년 빈 분리파의 교수이던 '콜로만 모저'와 '비엔나 공방'을 설립했다. 그 이후 공방에서는 가구와 은 제품, 유리 등을 생산했다. 그의 대표작이라고 전해지는 가구 작품들은 주로 1900년대 이후의 것으로 기하학적 양식을 채택한 가구들이다. 그가 설계한 건축에서도 기하학적인 미학이 그대로 실천되었다. 그가 디자인한 가구들은 비엔나 공방에서 제작되었는데 호프만의 디자인에서는 주로 사각형과 원, 점들이 나타난다. 호프만의 대표작으로 꼽을 수 있는 가구로는 '앉는 기계(Sitzmaschine)'라고 이름 붙은 1908년 의자로 비엔나 예술전시회에서 처음 선보였다. 이 의자는 목재로 만들어졌으며 완전히 기계로 생산되었다. 그가 명명한 대로 이 의자는 우아함과 아름다움을 추구하던 이전의 의자들과는 달리 기능을 최우선 가치로 본 것이다. 요제프 호프만은 기능주의 디자인의 선구자 중 한 사람이었다.

아르데코

아르데코는 1910년경부터 프랑스 파리를 중심으로 시작된 예술운동으로 건축과 인테리어를 포함하여 패션디자인, 보석디자인, 그림, 그래픽아트, 영화 등 많은 분야에서 영향을 받았다. 국제적인 미술양식으로 탄생한 아르데코 양식은 아방가르드 회화의 단순하고 추상적인 표현방식과 닮아 있었다. 또한 그 당시 고대 이집트 투탕카멘의 고분 발굴은 아르데코에 나타난 이집트 스타일에도 많은 영감을 주었다. 이 시대의 가구는 크게 두 가지 스타일로 발전했는데, 장식과 전통을 중요시하는 디자이너 그룹과 기능을 중요시하는 모더니즘 성향의 디자이너들로 나뉘어 각기 다른 방향으로 발달하게 된다.

'아르데코'라는 명칭은 1925년에 있었던 '파리 현대 장식 산업미술 전람회' 이후 절정에 이른 양식에 널리 사용되었다. 아르데코 스타일은 우아하고 매력적이며 선명한 색상과 기하학적인 계단 형태의 각진 모서리가 특징이다. 아르데코 역시 과거에서 탈피하려는 미술 운동이었으며 바로 전 시대의 곡선적 특징이 매우 강했던 아르누보로부터 벗어나 직선적이고 간결함을 추구하고자 했다. 아르데코는 기하학적인 형태를 선호하고 곡선은 배제함으로써 여러 디자인 분야에 적용되기도 하였다. 아르데코 스타일은 장식을 매우 중요하게 생각했기 때문에 전통기법인 상감 기법 등이 계속 사용되었다. 단순 반복되는 기하학적인 문양과 동심원, 지그재그 형태의 선들, 그리고 장식적인 표면이 특징으로 나타나 있다.

아르데코 양식의 가구에 주로 사용된 목재는 흑단이었다. 어두운 톤을 지닌 목재라 화려한 상감과 장식들을 더욱 돋보이게 하는 효과가 있었다. 상아나 금속, 유리 등이 가구의 장식 재료로 쓰였고 꽃이나 식물 등을 주제로 한 우아하고 아름다운 문양들이 아르데코 양식의 가구를 장식했다. 하지만 지나치게 장식적이고 고가의 귀중한 재료로 만들어지는 가구였기에 대중에게는 너무 비쌌다. 이러한 가구들은 시장의 한계를 극복하지 못했고 1930년대 말 점차 인기가 감소하게 된다.

아르데코 양식의 대표적인 디자이너인 프랑스 출신 에밀 쟈크 룰만(Emile Jacques Ruhlmann, 1879~1933)은 18세기 고전 가구에서 강한 영감을 받은 아르데코풍의 가구들을 디자인하였다. 그의 가구는 매우 품위 있고 우아하며 독특했다. 또한 은은하

에밀 자크 룰만 – CB150 캐비닛
(출처: www.ruhlmann.info).

게 드러나는 곡선을 가지고 있으며 부드러운 분위기로 디자인되었다. 대부분의 가구는 상아를 이용하여 섬세한 문양으로 장식되었다. 그는 은장식보다는 전체의 비례미를 중요시하였다고 한다. 가구의 기본형태들은 매우 정적이고 우아한 느낌인데 특히 끝이 가늘어지는 다리는 룰만 가구의 가장 큰 특징이었다. 룰만의 가구도 주로 상류층을 위한 고가의 가구로 제작되었다.

아일랜드 출신 디자이너 에일린 그레이(Eileen Gray, 1878~1976)는 1920년대까지는 옻칠한 가구와 일본풍 가구를 만드는 일을 하며 소규모 상점을 운영하고 있었는데 49세에 그녀의 첫 번째 주택을 설계하게 되었다. 프랑스에 있는 그 주택은 매우 현대적인 개념으로 디자인되었는데 이 설계에서 높이를 조절할 수 있는 작은 사이드 테이블인 'E-1027(1927)'을 디자인했다. 이 테이블은 스틸 파이프로 만들어진 것인데 그레이는 이미 그 전부터 스틸 가구에 대한 연구와 실험을 하고 있었다고 한다. E-1027 테이블은 오늘날까지도 수없이 복제되고 있는 에일린의 가장 유명한 작품이다. 이 테이블은 그 재료가 철재임에도 매우 부드러워 보이고 우아함을 느끼게 한다. 한쪽 끝으로 모인 다리 기능의 기둥은 높낮이를 조절할 수 있었고 가벼우며 운반이 쉬웠다. E-1027 테이블은 매력적이고 세련된 디자인으로 현재까지 여전히 사랑받고 있는 걸작 중 하나다.

에일린 그레이의 'Bibendum 의자'는 E-1027 테이블과 더불어 그녀의 대표작이다. 그 혁

에일린 그레이 – E-1027
(출처: www.modernclassics.com).

신적인 의자는 20세기를 대표하는 가구 중의 하나로 손꼽힌다. 에일린 그레이의 활동 시기는 시대적으로 보면 아르데코와 모더니즘 사이에 걸쳐 있었는데 Bibendum 의자는 매우 모던한 감각의 의자로, 그 시절 부유하고 매우 성공적인 모자 제작자였던 마담 레비의 파리 주택을 다시 디자인하는 작업을 맡았던 에일린 그레이가 그 집을 위해 디자인했던 의자이다. 1917년부터 1923년까지 진행된 공사에서 Bibendum 의자를 디자인하게 된다. 그 시대에 매우 혁신적인 디자인이었던 이 의자는 마담 레비의 집을 매우 특별하게 만들어 주었다. 속을 채운 긴 원통형 쿠션이 수평으로 반원을 그리며 등받이를 구성하고 있는 이 의자는 앉기에도 매우 편했으며 다리 부분에는 모던한 분위기의 철재로 마감되었다. Bibendum 의자는 단순하면서도 힘이 느껴지는 매우 현대적인 디자인으로 에일린 그레이는 그 시대의 선구적인 디자이너 중 하나였다.

데 스틸(De Stijl)

새로운 조형의 개념 '적청 의자(Red and Blue Chair)'

　신조형주의라고 알려진 '데 스틸'은 네덜란드에서 발생한 전위 예술그룹의 이름으로 1917년에 시작되어 1931년까지 지속한 기하학적인 추상 미술운동을 전개하면서 현대 디자인사에 큰 의미로 자리 잡게 된다. 데 스틸이라는 명칭은 그 그룹이 창간한 「데 스틸」이라는 같은 이름의 잡지에서 가져온 것이다. 간결한 구성과 기능을 강조하며 기하학적인 순수한 형태를 추구했다. 데 스틸 그룹의 이러한 이념은 이후 바우하우스를 중심으로 발전하게 되는 '모더니즘' 디자인에 큰 영향을 미치게 된다. 디자이너, 미술가, 사상가 등이 모였던 데 스틸 그룹은 테오 반 데스부르흐(Theo van Doesburg, 1883~1931)의 주도로 피트 몬드리안(Piet Mondrian, 1872~1944), 게리트 리트벨트(Geritt Thomas Rietveld, 1888~1964) 등이 참여했다. 다양한 분야의 전문가들이 집결된 그룹이었다. 건축부터 회화에 이르기까지 광범위하게 창작할 수 있었는데 모든 분야를 공통된 개념으로 통합하고자 했다. 데 스틸 그룹의 특징으로는 자연형태를 배제하고 수평 수직선, 기하학적이고 추상적인 형태를 추구했으며 색상에서도 검정과 흰색 그리고 기본색만 사용하도록 했다. 기능을 강조하고 더욱 간단하며 논리적인 미학을 표현했다. 기능주의에 그 근원을 두고 있던 데 스틸의 이러한 이념들은 몬드리안의 그림에서 잘 나타나고 있다. 수평과 수직의 선들로만 구성된 이 그림은 매우 간결하며 극히 제한된 원색들로 표현되어 있다.

리트벨트의 '적청 의자'는 이런 몬드리안 회화의 원리를 그대로 삼차원적인 가구로 표현한 것이다. 선과 형태의 배열, 그리고 대비되는 색상과의 상호관계 등은 데 스틸의 이념을 따른 과장 되게 교차하고 있는 구조를 채택한 디자인이었다. 의자의 전체적인 이미지는 평면의 그림을 그대로 표현하고 있었다. 그것은 매우 강한 이미지를 주고 있으며 면과 선의 분할은 명확한 구조를 더

게리트 리트벨트 – 레드블루 체어
(출처: www.moma.org).

욱 강조하고 있었다. 네덜란드의 디자이너들은 명쾌한 구조를 좋아했고 장식보다는 기본 형태를 중요시 했다고 한다. 1919년 리트벨트의 '적청 의자'는 「데 스틸」 잡지에 실리게 되는데 그 당시에는 검은색 의자였다고 한다. 1923년이 되어서야 의자에 지금과 같은 색상이 나타나게 되었고 색을 중요하게 생각했던 데 스틸의 이념이 좀 더 특징으로 나타나게 되었다. 이 의자는 리트벨트가 1924년 건축한 독일 '슈뢰더 하우스(Schroder House)' 의 실내를 장식했다. 그의 디자인은 전체적인 인상에서 오는 시각적인 분위기를 통일하고 데 스틸의 이념에 따라 실현한 것으로 보인다. 적청 의자와 같은 명쾌한 구조의 가구들은 그 후에도 디자인되는데 그의 대표작 중 '지그재그 의자(Zig Zag Chair, 1934)'는 단 4개의 목재 판재와 몇 개의 하드웨어로 구성된 매우 단순한 구조이면서도 강한 인상을 주는 의자로 마치 조각 작품과 같은 추상적인 이미지를 가지고 있다.

모더니즘

모더니즘은 19세기 눈부신 산업의 발전 이후 등장했는데 이는 20세기 가장 대표적인 디자인 운동이었다. 전통적으로 수공업에 의지했던 많은 생산품은 산업 혁명 이후 눈부신 발전과 빠른 산업화를 겪게 된다. 발전된 공업기술들은 수공업 시대와 비교하여 생산성을 크게 높여 놓았다. 그 시대에는 생산에 적합하고 간결한 형태를 지닌 합리적인 디자인을 요구하기 시작한다. 모더니즘 디자인은 색채의 사용을 절제하였으며 기하학적인 단순한 형태와 크롬 도금된 강철 튜브와 같은 근대적 소재를 사용하기 시작했다. 1920년 중반부터는 지역과 한 국가에서 국한되는 것이 아닌 국제적으로 통용될 수 있는 국제 양식으로서의 기초가 형성되기 시작한다. '모더니즘'이라고 부르는 이 운동은 건축가들로부터 시작되었지만 그 영향은 가구를 포함한 산업디자인 전반에 걸쳐 퍼져 나갔다.

피터 베렌스(Peter Behrens, 1868~1940)

독일의 헤르만 무테지우스(Hermann Muthesius, 1861~1927)는 1896년 런던 주재 독일대사관에 근무했는데 1903년 독일로 돌아와 그동안 보았던 건축과 산업미술에 대한 보고서를 작성했다. 공예품을 생산하는 표준화된 기계의 역할에 대해 상세히 설명하고, 응용미술 교육을 새롭게 정립하여 독일 공예운동을 전개하자는 내용이었다. 이렇게 해서 1907년 '독일공예연맹(DWB)'이 결성되었다. 이 연맹은 미술과 산업을 결합하여 미술가들의 지위를 높이자는 목표가 있었다. 뮌헨의 건축가, 미술가, 장인, 사업가 등이 모여 단기간 내에 가구와 생활용품의 수준을 향상했다. 헤르만 무테지우스, 피터 베렌스, 앙리 반 데 벨데, 요제프 호프만, 리하르트 리머슈미트 등이 설립 멤버였다. 산업체와 협력을 도모했던 독일공예연맹은 기계생산을 받아들이고 미술과 산업의 합리적인 결합을 실천하여 기능주의적인 모더니즘의 디자인 이념을 실천하였다.

피터 베렌스는 독일의 건축가이자 산업디자이너이며 뮌헨 분리파의 공동 설립자였다. 그는 산업미술 분야에서 뛰어난 재능을 발휘했다. 뒤셀도르프 장식미술학교의 교장이었던 그는 독일공예연맹의 일원으로 활동했으며 AEG(1997년 분해된 독일의 전기기기 제조업체)에서는 최초로 CI개념을 도입하여 기업이미지

통합작업을 총괄 기획했다. 1900년에서 1901년경에 디자인된 식당용 의자 세트는 앙상블 개념으로 만들어진 의자로 유려한 선과 기능적인 면을 만족시키고 있다. 베를린에 있던 그의 사무실에는 많은 건축가가 거쳐 갔는데 그중에는 르코르뷔지에, 미스 반 데어 로에, 발터 그로피우스 등이 있었다고 한다.

바우하우스와 기능주의

1919년 보자르 아카데미와 앙리 반 데 벨데가 교장으로 있던 바이마르 장식미술학교를 합쳐 국립 바우하우스가 개교하게 된다. 앙리 반 데 벨데가 디자인한 건물에 자리 잡은 바우하우스의 새로 임명된 책임자는 발터 그로피우스였다. 바우하우스의 목적은 화가, 장인, 건축가, 조각가 등 각 방면의 예술가들을 모아 예술교육도 아니고 기술교육도 아닌 두 부분이 조화를 이룬 교육을 실행하여 수공예의 사회적 지위를 높이는 데 있었다. 바우하우스는 1919년 개교부터 1924년까지 바이마르에 있다가 정치적인 공격대상이 되어 1925년 데사우로 옮겨가게 되는데 결국 1933년 문을 닫게 된다.

바우하우스가 디자인교육과 현대의 디자인에 끼쳤던 영향은 너무나도 컸다. 디자인을 단지 예술이 아닌 산업발전과 경제발전에 지대한 영향을 줄 수 있는 중요한 것으로 인식하게 된 것은 바우하우스의 큰 성과였다.

마르셀 브로이어(Marcel Breuer, 1902~1971)는 바이마르 바우하우스에서 뛰어나게 두각을 나타내던 가구제작 공방의 학생이

었다. 그는 1922년부터 1925
년까지는 주로 가구를 목재로
만들었는데 그의 가구들은
인기가 있었다고 한다. 1925
년 정치적인 이유로 바우하우
스가 데사우로 자리를 옮기
게 되고 바우하우스의 학생이
었던 마르셀 브로이어는 졸업

마르셀 브로이어 – 바실리 체어
(출처: www.moma.org).

후 신세대 교수 그룹으로 합류하게 된다. 바우하우스의 분위기
는 혁명적 예술경향인 아방가르드함을 보이고 있었기 때문에
많은 실험 작품들을 연구했다. 강철 파이프를 이용한 가구의
연구도 계속됐다. 가구 공방과 철제 공장은 마르셀 브로이어가
담당했는데 그는 여기서 그의 동료였던 화가 '바실리 칸딘스키'
에게 헌정하는 '바실리 체어(1925년)'를 만들었다. 강철 파이프
와 가죽으로 만들어진 이 의자는 마르셀 브로이어가 어느 날
자전거를 타다가 튜브형 강철 손잡이 부분을 관찰하게 되었고
거기에서 영감이 떠올라 디자인하게 된 것이라고 한다. 이렇게
최초의 금속 튜브 의자(바실리 체어)가 탄생하게 되었다. 이 의
자는 재료와 구조 면에서 혁신이었다. 이후에도 브로이어의 튜
브형 강철가구는 'Laccio Table(1925)', 'Cesca Chair(1928)' 등으
로 디자인되었다.

강철 튜브 가구

모더니스트들은 장식을 거부한 간결한 형태와 새롭고 독창적인 것을 추구했다. 그리고 대량생산을 고려한 합리적이고 명쾌한 디자인을 끊임없이 연구하였다. 1920년대 모더니즘 디자인의 중심은 독일의 바우하우스였으며 합리적인 생활환경을 만들기 위한 새로운 개념의 가구들이 등장했다. 바우하우스에서는 전통적인 가구 제작자들에게는 매우 생소한 재료였던 강철을 가구제작에 이용하기 시작했다. 철, 크롬, 니켈 등 금속을 사용하여 제작되는 가구들은 기계적인 작업으로 대량생산하는 개념의 가구였다. 이러한 가구들이 모더니즘 디자이너들에 의해 탐색되고 있었다. 가구의 전통적인 재료인 목재와는 달리 강철은 재료에서 표준화가 되어 있었기 때문에 가구의 산업화에 적합한 재료로 보았고 다루기 쉽고 강하다는 장점이 있었다. 1927년 바우하우스의 미스 반 데어 로에(Mies van der Rohe 1886~1969)와 마르트 슈탐(Mart Stam, 1899~1986)이 거의 동시에 캔틸레버 식의 금속 의자를 제작하였고 그 의자들은 대량 생산되었다.

미스 반 데어 로에는 독일 바우하우스의 마지막 교장이자 건축가였다. 모더니즘 건축을 선도해온 그는 가구에서도 유명한 작품을 남겼는데 1927년 매우 모던한 디자인의 'MR chair'를 디자인하였다. 당시 마르셀 브로이어와 마르트 슈탐은 강철 튜브 가구에 열중해 있었다. 그들과 마찬가지로 강철 가구에 큰 관심이 있던 미스 반 데어 로에는 강철 가구에 곡선적 요소

를 부여하고자 했다. 강철이
가지는 차가움은 우아한 곡
선으로 완화하고 구부러진 곡
선에서 생기는 강철의 탄력성
은 의자에서 유연함을 가지게
했는데 2년 뒤 디자인 한 바
르셀로나 체어와 더불어 미스
반 데어 로에의 대표작이 되

미스 반 데어 로에 - 바르셀로나 체어
(출처: www.moma.org).

었다. '바르셀로나 체어'는 1929년 스페인 바르셀로나 전시회
의 독일관을 위해 제작된 것이다. 모더니즘의 상징이라고 할 수
있는 이 의자는 고대의 접는 의자에서 영감을 받았다고 한다.
의자의 다리는 X자형으로 크롬 도금된 강철로 만들어졌고 연
결 부분 없이 하나로 이어진 형태로 제작되었다. 가죽으로 만
든 쿠션은 좌판과 등받이로 끈을 이용해 고정했다. 보기에는
매우 단순해 보이지만 다리의 제작공정은 쉽지 않아 수작업으
로 일일이 용접해야 했다고 한다. 부드러운 X자형 강철 다리는
금속이라는 소재이면서도 우아함을 유지하고 있다. 간결하고
독창적인 이 의자의 명성은 오늘날까지도 계속되고 있다.

르코르뷔지에(Le corbusier, 1887~1965)는 스위스 출생의 건축
가이자 디자이너, 저술가이다. 그는 모더니즘의 '반 장식주의'에
따라 순수주의 미학을 지닌 수많은 건축과 가구들을 디자인
하였다. 건축과 더불어 디자인된 르코르뷔지에의 가구들은 공
간과 조화를 이루며 매우 세련되고 합리적이다. 그의 디자인은

매우 현대적이며 순수
한 형태를 지니고 있
다. 장식은 철저히 배
제했지만 그의 디자인
에는 충만함이 느껴지
며 세월이 지나도 퇴
색되지 않을 20세기

르코르뷔지에 – Chaise Longue
(출처: www.modernclassics.com).

의 디자인으로 여겨지는 것들이 많다. 대표적인 르코르뷔지에
의 가구로는 'Basculant 의자(LC1)', 'Grand Confort 의자(LC2)',
'Petit confort 의자(LC3)', 'Chaise Longue(LC4)' 등이 있다. 이 중
Chaise Longue(LC4, 1928년) 의자는 가장 우아하면서 뛰어난 가
구로 평가받는다. LC4의자는 르코르뷔지에의 동료이며 사촌인
피에르 잔네레(Pierre Jeanneret)와 건축가인 샬롯 페리앙(Charlotte
Perriand)과의 공동 작업으로 제작된 것이다. 이 의자는 움직일
수 있는 좌석부분과 위치조절이 가능한 머리 받침으로 구성되
어 인체공학적으로 디자인되었다. 의자의 가죽은 당시 유행했
던 개성이 강한 조랑말 가죽을 사용했다. 강철 튜브로 제작된
의자들은 르코르뷔지에가 건축한 주택에 사용되도록 디자인된
것이며, 그의 모던한 콘크리트 공법의 주택과 잘 어울렸다. 그
의 가구는 시대를 넘어서는 세련되고 국제적인 감각으로 계속
된 인기를 누렸다.

실용적인 디자인에 관한 관심이 증대하면서 디자인은 계속
발전을 거듭한다. 그 시절 미국에서는 '크랜브룩 예술아카데미

(Cranbrook Academy of Art)'가 1932년 문을 열었다. 미국으로 건너간 핀란드 건축가 엘리엘 사리넨(Eliel Saarinen, 1873~1950)은 이 학교의 초대학장으로 취임한다. '학생들 각자 다양한 기술을 습득하여 발전을 이루자.'는 이 학교의 기본 취지는 계속되었고 몇 년 만에 수준 높은 아카데미가 되었다. 1930년대에는 찰스 임스(Charles Eames, 1907~1978)와 플로렌스 놀(Florence Knoll, 1917년 생), 해리 베르토이아(Harry Bertoia, 1915~1978)와 같은 디자이너들을 배출했다.

스칸디나비아의 유기적 디자인

스칸디나비아지역 사람들은 19세기 말까지만 해도 주로 농업에 종사하고 있었다. 하지만 이들 지역에도 디자인 시대가 서서히 막이 오르고 있었다. 1900년 '파리 만국박람회'에 핀란드가 참가하였는데 엘리엘 사리넨이 핀란드관을 디자인하였고 이후 스칸디나비아의 디자인은 전시를 계기로 널리 알려지게 되었다. 1930년대에는 이 지역을 중심으로 다른 지역과는 구별되는 독자적인 모던 디자인이 형성되었다. 특히 덴마크와 스웨덴에서는 스칸디나비아의 지역적 특색을 지닌 디자인이 세계적으로 이름을 떨치게 되었다. 덴마크의 카레 클린트(Kaare Klint, 1888~1954)는 인체공학을 연구하여 디자인에 커다란 영향을 주었다. 핀란드에는 장식미술학교가 생겼고 '예술인 연맹'이 결성되었으며, 스웨덴 '가내 공업연맹' 또한 활발하게 활동하였다.

지리적 특성 때문에 혹독한 자연환경을 가진 그들은 사용가치가 있는 자원을 찾아내고 그것을 이용할 줄 알았다. 자연에 대한 이해와 존중받는 전통적 수공예 정신들은 스칸디나비아 지역 사람들의 공통된 특징이었고 그들에게서 나타나는 '인간적인 디자인'의 근원이었다. 그 당시 스칸디나비아 지역의 국가들은 자연적인 소재의 개발과 스칸디나비아적 디자인의 연구 개발로 매우 빠른 성장을 보이고 있었다.

알바 알토(Alvar Alto, 1898~1976)는 핀란드의 대표적인 모더니즘 디자이너로 1930년대에 국제적으로 두각을 나타내게 된다. 건축가였던 알바 알토는 '파이미오 요양원'을 건축하면서 알토의 가장 유명한 가구작품인 '파이미오 의자(1931~1932년)'를 디자인하게 되는데 이 의자는 알토가 가지고 있던 모더니즘에 대한 그의 철학을 잘 보여주고 있다. 파이미오 요양원의 건축에서 보여준 디자이너로서의 역량은 그 후 수많은 국제 전시회에서 두각을 나타냈고 많은 사람의 호평을 받았다. 이 의자를 디자인할 당시 독일을 중심으로 활동했던 모더니즘 디자이너들이 강철가구에 대해 열광하고 있을 때 알토는 좀 더 인간적인

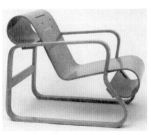

알바 바토 – 파이미오 체어
(출처: www.moma.org).

디자인의 가구를 원했다. 목재가 스틸보다 좀 더 따뜻하고 우아할 것이라는 확신으로 목재를 선택했다. 그의 가구는 매우 간결한 형태를 보이며 대부분 곡목과 성형 합판을 이용한 것이었다. 목재를 이용한

경제적인 제작방법이면서도 튼튼하고 아름다웠던 알토의 가구들은 계속된 연구로 많은 발전을 하게 된다. 파이미오 의자 외에도 1935년 '비푸리 도서관 의자'는 알토의 폭넓은 경험과 기술로 제작된 스툴로 유명하다. 알토와 디자이너였던 아내 아이노 알토는 1935년 아르텍(Artek)이라는 가구 회사를 창립했다. 아르텍에서는 알토가 디자인한 가구들을 생산하여 그를 국제적으로 널리 알렸다.

스웨덴의 브루노 매트슨(Bruno Mathsson, 1907~)은 대대로 가구제작자인 집안에서 태어나 가구제작기법들을 자연스럽게 배울 수 있었다. 그는 모던하고 기능주의적인 가구를 제작하기를 원했고 또한 목재를 효과적으로 활용할 방법을 연구하여 적당한 가격의 대중적인 의자를 디자인하고자 했다. 1931년 'Grashoppan chair'를 디자인하였으며 그가 추구했던 것은 앉기에 편안한 의자였다고 한다. 그는 목재에 대한 연구를 계속하여 목재를 얇은 곡선 구조로 적층하고 엮어서 짠 형태로 등받이와 시트 부분을 디자인한 '에바 의자(Eva Chair, 1934)'와 유기적인 선이 특징적인 '퍼닐라 의자(Pernilla Chair, 1941)' 등을 디자인하였다.

데니쉬 모던이라 불리며 스칸디나비아적인 모더니즘을 해석해온 덴마크는 그 당시 국제적으로 주목을 받았다. '덴 페르마넨테(Den permanente)'는 공예가와 산업디자이너들의 협동협회 성격을 지닌 디자인 전시 및 판매 매장으로 1931년에 개장되어 활발한 디자인 운동을 실천하였다.

인체 계측학을 연구하여 가구에 적용한 카레 클린트(Kaare Klint, 1888~1954)도 전통적인 가구를 기본으로 하여 현대적 미학과 기술을 적용한 데니쉬 모던의 의자들을 디자인하였다. 덴마크 모더니즘 가구의 아버지라고도 불리는 그의 의자들은 전통의 장인정신을 존중하고 가치를 인정하여 모더니즘에 적용한 성공적인 디자인이었다. 대표작으로는 'Faaborg chair(1914)', 'The deck chair(1933)', 'The church chair(1936)' 등이 있다.

1940~1950년대

현대적 개념의 디자인

1933년 바우하우스가 정치적 외부 압력 때문에 문을 닫게 되고 그곳에 있던 독일의 많은 지도적인 모더니즘 디자이너들이 미국으로 건너가게 된다. 미국에 정착한 발터 그로피우스, 마르셀 브로이어, 미스 반 데어 로에 등은 그들의 기능주의적인 모더니즘의 이념을 확립시켰고 그 영향은 점점 커졌다. 바우하우스의 기본 원리와 이념 등이 미국에 적용되어 상업적인 모더니즘의 개념으로 자리 잡게 된 것이다. 이러한 배경으로 1930년대부터는 디자인의 중심이 미국으로 옮겨지게 된다. 1940년대에 일어났던 제2차 세계대전은 많은 시련을 주었지만 전쟁 후 미국은 강력한 국력을 갖게 되었으며 제조 산업과 산업디자인 제품들이 크게 발전했다. 이 시대의 디자인 특징으로는 유기적인 곡선과 기하학적인 형태가 매우 자유스러운 형태로 나타나게 되는데 기능주의적인 모더니즘의 개념이 1940년대 중반에는 점차 유기적 모더니즘으로 변화하게 된다.

또한 1940년대는 크랜브룩 아카데미에서 배출된 찰스 임스(Charles Eames, 1907~1978), 이로 사리넨(Eero Ssarinen, 1910~1961), 조지 넬슨(George nelson, 1907~1986) 등이 활발하게 활동했다. 1940년에 있었던 '가정용 가구의 유기적 디자인전'은 찰스 임스와 이에로 사리넨의 상상력을 자극하는 계기가 되어 공모전에서 대상을 받게 되었다. 건축가이며 디자이너였던 찰스 임스는 이 전시에서 합판주조기술을 발전시켜 혁신적인 의자를 디자인했다. 합판을 주조하여 시트 부분과 등받이가 하나로 연결된 형태를 만든 것이다. 획기적인 디자인이었지만 대량생산되지는 못했다고 한다. 그는 기술적 측면의 연구와 신소재 연구에더욱 힘썼다. 합판과 합성수지 그리고 강철을 결합한 새로운 디자인들에 몰두했던 찰스 임스는 단순한 형태에 합리적인 디자인으로 대량생산이 가능한 의자를 성공적으로 제작했다. 찰스의 동료였던 아내 레이 임스(Ray Eames, 1912~1988)는 공동 작업으로 'DCW'와 'DCM', 'LCM' 의자들을 디자인했고 1946년 '허먼 밀러 사'와 독점 계약을 맺게 된다. 1948년에는 이로 사리넨과 공동으로 유기적 모더니즘의 상징적인 의자인 '라 셰즈(La Chaise)'를 디자인했는데 비대칭적이고 추상적인 형태의 조각 같은 느낌이 특징이다. 유리섬유나 플라스틱과 같은 합성수지

의 사용으로 다양한 표현이
가능해져 디자인도 전보다
훨씬 자유로울 수 있었다.
1951~1953년 사이에 임스
부부는 다양한 철망 의자
(Wire Chair)들을 제작했다.
그들의 목표는 가볍고 튼튼

찰스 임스 – 라운지 체어
(출처: www.moma.org).

하며 적당한 가격의 질 좋은 의자였기에 발표된 와이어 의자들
은 즉시 인기를 누렸다.

'라운지 체어(Lounge Chair, 1956)'는 찰스 임스가 성형 합판을
이용한 후기 작품으로 세 부분으로 나누어진 성형 합판 위에
안락한 쿠션을 올린 매우 인체공학적인 팔걸이의자와 오토만
이었다. 매우 안락한 이 의자는 찰스 임스가 오랜 기간 몰두해
온 기술적인 연구의 성과와 훌륭한 디자인이 합쳐져 이루어 낸
업적이라고 말할 수 있다.

이 시대의 특징이라 한다면 가구 재료로 목재나 금속과 같
은 재료 외에 플라스틱을 가구 재료로 사용하기 시작한 것인데
특히 의자 디자인에 큰 영향을 주었다.

핀란드 태생의 이로 사리넨의 '자궁 의자(Womb chair, 1948)'는
유리섬유와 플라스틱으로 제작된 틀 위에 스펀지와 천이 씌워
지고 철제 다리로 디자인됐다. 이 안락의자는 등장하자마자 대
단한 인기를 얻었다. 이로 사리넨의 천부적인 재능으로 유기적
모더니즘의 새로운 상징으로 떠오른 이 의자는 이름처럼 매우

이로 사리넨 – 튤립 의자
(출처: www.scandinaviandesign.com).

안락하고 편안했다. 등받이에서 팔걸이 쪽으로 자연스럽게 접힌 선은 매우 부드러워서 앉는 사람을 편안하게 해주는 매력을 가지고 있었다. 이후의 디자인은 '튤립 의자(Tulip chair, 1956)'로 유리섬유로 만들어진 의자였다. 이 의자의 좌석은 속 부분이 유리섬유로 보강되고 겉 부분은 플라스틱으로 씌워졌다. 하나의 기둥형태(pedestal)로 세워진 의자 다리의 속은 알루미늄이며 겉은 플라스틱으로 감쌌다. 하나의 기둥으로 무게와 중심을 견뎌내는 특징적인 구조와 신소재로 디자인된 튤립 의자는 모던 디자인의 새로운 기준이 되었다.

해리 베르토이아는 이탈리아계 미국인으로 크랜브룩 예술 아카데미에서 공부했고 1939년부터 1943년까지는 금속공방에서 학생들을 가르쳤다. 그곳에서 찰스 임스와 이로 사리넨 등을 만났으며 임스와는 의자 디자인 작업도 함께 했다. 1952년 놀(Knoll Associates)에서 생산한 베르토이아의

이로 사리넨 – 자궁 의자
(출처: www.scandinaviandesign.com).

해리 베르토이아 – 다이아몬드 체어
(출처: www.modernclassics.com).

'다이아몬드 체어(Diamond Chair)'는 철망으로 제작된 금속의자였다. 출시하자마자 상업적으로 매우 큰 성공을 이루었는데 당시 일일이 손으로 직접 철사를 휘어가며 제작했다고 한다. 인체의 곡선을 따라 형성된 형태는 조각적이고 기능적인 모습을 보이고 있다. 철망을 통해 느껴지는 빛의 투과현상과 공간감은 다이아몬드 의자의 특징이었다.

조지 넬슨(George Nelson, 1908~1986)은 가구회사인 허먼 밀러(Herman Miller)사의 디렉터로 20년간 선구적인 역할로 일했다. 그는 과거에 얽매이지 않는 혁신적인 제작방법의 연구와 대량생산이 가능한 가구들의 연구에 몰두했다. 미국의 모더니즘 디자인의 상징으로 불릴 만큼 그의 디자인은 매우 새로웠다. 대량생산을 고려한 '머쉬멜로우 소파(Marshmallow Sofa, 1956)'는 지금까지의 고정관념을 깬 매우 새로운 제작방법을 실현했던 가구였다. 각각 분리되어 제작되는 원형의 쿠션들은 대량생산 개념에 적합한 조립식 개념의 소파로 완성되었다. 1955년 제작된 '코코넛 체어(Coconut chair)'도 매우 새로운 형태의 발견이었다. 코코넛을 조각으로 잘라 그 형태를 연구하여 의자로 디자인했다고 하는데 매우 현대적이며 모더니즘의 이념에 어울리는 새로운 디자인이었다.

이렇게 미국 디자이너들이 맹활약했던 1940년대부터 1950년대 사이에 스칸디나비아국가들도 디자인에서 그들의 중요한 위치를 확인하고 있었다. 1923년 시작된 밀라노 트리엔날레 이래로 거의 20년간 스칸디나비아 디

조지 넬슨 – 머쉬멜로우 소파
(출처: www.hermanmiller.com).

자이너들이 상을 휩쓸었다. 1951년에는 덴마크의 한스 웨그너(Hans Wegner, 1915~2007)가 대상을 받았으며 1957년에는 덴마크의 아르네 야콥슨(Arne Jacobsen, 1902~1971)이 대상을 받았다. 이러한 성과로 스칸디나비아의 디자인은 국제적으로 알려지게 되었으며 그들의 발전을 더욱 확고히 할 수 있었다.

덴마크 가구디자인계의 거장인 한스 웨그너는 덴마크 디자인의 전성시대를 열었다. 그는 가구

한스 웨그너 – The Chair
(출처: www.moma.org)

디자이너로 활동하면서 모두 다 열거하기도 어려울 만큼 수많은 의자를 디자인하였는데, 자연소재인 목재에 대한 사랑과 깊은 이해를 지녔던 그의 가구들은 인간미가 느껴지며 목재의 아름다움을 세련되게 표현하였다. 1949년 제작한 라운드 체어가 대성공을 거두며 국제적인 명성

을 얻게 되었다. 라운드 체어는 1960년 미국의 케네디와 닉슨의 텔레비전 토론에 사용되어 더욱 유명해졌고 그 이후부터는 'The Chair'라고 불리게 됐다. 그 외에도 Chinese Chair(1944), Peacock Chair(1947), Wishbone Chair(1949), Valet Chair(1953), Bear Chair(1954), OX Chair(1960) 등 덴마크 가구를 대표할 수 있는 많은 의자가 있다. 그의 의자들은 단순하면서도 기능적이고 아름다워 시대를 넘어서는 클래식 모던 가구로 인정받고 있다.

아르네 야콥슨(Arne Jacobsen, 1902~1971)은 덴마크의 영향력 있는 디자이너의 한 사람으로 건축가이자 가구 디자이너였으며 영원히 잊히지 않을 많은 디자인을 남겼다. 스칸디나비아 지역의 독창적인 미학으로 완성된 그의 가구들은 스칸디나비아의 모더니즘을 상징한다. 야콥슨은 1950년대에 찰스 임스와 같은 미국 가구디자이너들에게 영향을 받아 가구디자인에 관심을 두게 됐다. 1952년 '개미 의자(Ant Chair)'를 제작했는데 다리가 세 개 달린 초기 모델이었다. 이 개미 의자는 어디에서나 잘 어울려 다양한 장소에서 사용할 수 있었다. 한 장의 합판으로 등받이와 시트 부분이

아르네 야콥슨 – 개미 체어
(출처: www.moma.org).

연결되어 있고 가느다란 강철 튜브 다리로 구성되었다. 이 의자는 겹쳐 쌓을 수 있는 장점도 가지고 있으며 매우 견고했다. 야콥슨이 생전에는 의자 다리가 3개인 것을 고집했다고 하며 그의 사후에야 다리가 4개로 구성된 의자가 비로소 생산됐다고 한다. 절제되어 있으면서도 긴장감을 풀어주는 유기적인 곡선은 안정감과 편안함을 느끼게 해준다. 매우 특징적인 등받이 형태를 지니고 있는 개미 의자는 뛰어난 디자인으로 시간을 초월하여 대중에게 사랑받고 있는 의자이다.

그 외에도 코펜하겐의 로열호텔을 위해 디자인된 '에그 체어(Egg Chair, 1956)', '스완 체어(Swan Chair, 1956)'가 있다. 이 의자들은 진보된 생산방식의 결과로 새로운 형태가 가능했다. 성형 유리섬유 위에 가죽이나 천을 감싼 발포 우레탄으로 제작되어 형태나 소재 면에서 매우 혁신적인 디자인이었다. 모가 나지 않은 둥근 기본 형태에 유기적인 느낌의 자연스러운 선은 우아함과 편안함을 느끼게 했다. 모던한 알루미늄 다리와 풍요롭고도 기능적인 특유의 형태를 가진 좌석 부분은 이름에서 느껴지듯이 매우 자연주의적인 안정감이 있다.

덴마크에는 또 한 명의 디자인 거장 포울 키에르홀름(Poul Kjaerholm, 1929~1980)이 있다. 그는 강철판, 등나무, 가죽 등을 이용해서 간결한 아름다움을 표현했던 디자이너였다. 깨끗한 선에서 느껴지는 우아함과 주목할 만한 세련된 디테일들은 겸허하면서도 풍요로움을 지니고 있다. 1965년에 제작한 'PK24 의자'는 그의 디자인 철학이 그대로 반영되어 있는데 강철과 등

핀 율 – no.45
(출처: www.moma.org).

나무를 엮은 좌석 그리고 가죽을 사용하여 아주 깨끗하고도 순수한 간결함의 미학을 잘 보여주고 있는 작품이다.

덴마크의 핀 율(Finn Juhl, 1912~1989)은 처음으로 국제적으로 알려진 데니쉬 가구 디자이너였다. 건축가였던 핀 율은 제2차 세계대전 시기에 가구 디자인을 시작하였다고 한다. 그의 가구는 기본적인 의자의 구성을 하고 있으면서도 매우 조각적인 표현을 해서 명확한 구조와 비범하고 독특한 표현으로 이름이 나 있다. 의자에서 등받이와 좌석 부분이 각각 분리되어 강조된 의자들은 추상적인 표현과 탄탄한 구성으로 매우 아름답다. 그의 의자 중 가장 많이 알려진 'Chieftain Chair(1949)'는 분리된 좌석과 등받이, 그리고 나무 프레임이 마치 조각 작품처럼 잘 어울려 조화를 이루고 있고 '45 Chair(1945)'는 매력적인 우아함을 가진 의자로 이름이 나 있다.

오래된 예술 전통을 가진 이탈리아에서도 많은 미술가가 현실적인 디자인 분야에서 일하게 되었다. 건축과 산업 디자인 분야에서는 기능주의를 내세우는 모더니즘이 널리 확산했고 디자이너들은 실용적인 아름다움을 추구해 나갔다. 1950년대 이탈리아에서의 디자인은 사회 현상과도 같은 것이었다. 고급 플라스틱 제품을 생산하는 카르텔(Kartell) 사가 1949년 설립되어 생활용품 전반에 플라스틱이 응용된다. 카르텔사는 아름다우면서도 기능적인 플라스틱제품을 생산하는 회사이며, 이탈리아의 대표적인 디자인기업으로 이탈리아 디자인이 명성을 얻는데 큰 기여를 했다.

지오 폰티(Geo Ponti, 1891~1979)는 이탈리아의 1세대 디자이너였다. 「도무스」의 편집장이었던 그는 1940년대부터 1950년대까지 산업화한 사회의 요구에 부응하는 디자인을 인식하고자 했으며 개성적이고 혁신적인 창의성을 발휘해야 한다는 점을 강조했다. 아플렉스, 카시나, 테크노, 자노타 등과 같은 디자인 가구기업들이 생겨나 이탈리아 디자인이 국제적으로 우뚝 선 위치에 오르는 데 큰 역할을 하였다. 지오 폰티가 1957년 제작한 '슈퍼 레게라 의자(Super Leggera chair)'는 '아무 꾸밈도 없는 의자'라는 개념으로 디자인되어 크나큰 반응을 일으켰다. 이

탈리아의 전통적인 치아바리 의자(Chiavari chair) 형태에서 영감을 받아 디자인되었다는 슈퍼 레게라는 어린이가 손가락으로 들어 올릴 수 있을 만큼 가볍고 튼튼하며 순수한 형태를 지닌 편리한 의자였다.

이탈리아의 디자인을 널리 알리게 될 수 있었던 가장 중요한 기회는 밀라노에서 3년마다 개최된 '트

지오 폰티 – 슈퍼 레게라 의자
(출처: www.designsponge.com).

리엔날레'였다. 1950년대의 밀라노 트리엔날레는 산업디자인을 주제로 한 전시였는데 마르코 자누소(Marco Zanuso, 1916~2001)와 카를로 몰리노(Carlo Molino, 1905~1973)는 이곳에서 실험적인 가구들을 발표하기도 했다.

마르코 자누소는 1948년 무렵부터 강철 튜브와 발포 고무(Foam rubber), 합판 등의 소재에 관심을 두기 시작했고 특히 발포 고무를 의자 시트에 응용하는 방법을 실험하고 있었다. 1951년 아플렉스(Arflex) 사를 위해 디자인된 '레이디 체어(Lady Armchair)'를 발표하여 큰 인기를 누렸다. 레이디 암체어는 그가 그간 관심을 두고 연구했던 발포 고무 소재를 이용한 의자였다. 이 의자로 마르코 자누소는 1951년 밀라노 트리엔날레에서 금상을 받았다.

카를로 몰리노는 건축가이자 디자이너였으며 초현실주의에서 영향을 받아 바이오 모르피즘에 해당하는 '아라베스크 테이블(Arabesque, 1949)'을 디자인했다. 인체의 선을 나타내는 듯한 형태적 특징을 가지는 바이오 모르피즘의 곡선과 합판이란 소재를 매우 잘 활용하여 물결치는 듯한 우아한 곡선으로 독특한 가구를 디자인하였다. 또 다른 바이오 모르피즘 디자이너로 프레데릭 키슬러(Frederick Kiesler, 1890~1965)의 '네스팅 테이블(Nesting Table)'은 알루미늄

카를로 몰리노 – 아라베스크 테이블
(출처: www.bonluxat.com)

으로 제작된 테이블로 그 당시 유행하던 미술사조인 초현실주의에서 영감을 받아 디자인된 것이다. 바이오 모르피즘의 개념으로 제작된 이 테이블은 1935년 제작되었으며 유기적인 선이 특징이라 할 수 있다.

장 프루베(Jean Prouve, 1901~1984)는 프랑스 금속 세공사였다. 전기 용접과 스테인리스 강철을 다루던 그는 1930년부터 가구를 제작했다. 그는 다른 모더니즘 디자이너들이 강철튜브에 관심이 있었던 것과는 달리 강철판을 소재로 가구를 제작한다. 강철판을 접거나 튼튼한 삼각형 구조로 고정한 가구들은 실용적이면서 우아한 모습이었다. 그는 등받이와 좌판은 성형 합판으로, 다리 부분은 강철판을 구부려 제작한 '스탠다드 체어(Standard chair, 1934)'를 제작했고 1950년에는 건축적 구조처럼 보이기도 하는 '콤파스 테이블(Compass table)'과 1954년에는 강철판과 금속판을 접합하여 삼각구조로 만든 시테 대학의 안락의자 '안토니 체어(Antony chair)'를 제작했다. 프루베가 제작한 가구들은 튼튼하고 아름다웠으며 특히 의자들은 오래 앉아도 허리에 무리가 가지 않는 인체공학적인 디자인이었다.

장 프루베 – 스탠다드 체어
(출처: www.vitra.com).

1950년대 들어 일본의 가구디자이너들이 등장하여 동양의 정서가 어우러진 훌륭한 가구디자인 제품들이 세계무대에 등장한다.

이사무 노구치(Isamu Noguchi, 1904~1988)는 미국에서 태어난 일본인으로 일본과 미국에서 교육을 받았다. 1927년 프랑스 파리 여행 중 조각가인 브랑쿠시를 만나게 됐고 그 후 그의 미술작업에 깊은 영향을 받게 된다. 순수와 절제라는 말로 표현할 수 있는 브랑쿠시의 작품은 노구치에게 공간 개념을 깨닫게 해 주었다고 한다. 다수의 순수 조각 작업을 해오던 그는 1947년 조지 넬슨의 요청으로 몇 개의 커피 테이블을 제작했다. 단순하면서도 개성이 넘치는 테이블은 그의 대표적인 작품이 되었다. 일본의 전통미는 서구의 모더니즘과 교감을 이루며 그의 작품 속에서 배어 나오고 있다. 가느다란 강철이 만드는 교차한 선이 매우 인상적인 '락킹 스툴(Rocking stool, 1955)'등이 그의 대표작이다.

소리 야나기(Sori Yanagi, 1915~)는 일본에서 태어나고 교육받은 디자이너이다. 그 당시 일본에 머무르고 있던 디자이너 샬롯 페리앙(Charlotte Perriand)의 보조 역할을 하면서 감각을 익혔다. 부드러운 형태를 좋아했던 소리 야나기는 1954년에 유리섬유를 이용해 '코끼리(Elephant)'라는 스툴을 제작하였다. 코끼리 스툴이라는 이름을 알고 보면 볼수록 귀여운 코끼리처럼 보인다. '버터 플라이 스툴(Butterfly stool, 1954)'은 성형 합판을 이용해 제작한 스툴로 부드러운 느낌의 곡선으로 가볍게 날아가는 나비 날개같이 우아했다.

플라스틱 가구

1950년대 후반부터 일어나기 시작한 팝 아트의 물결은 예술 문화 사회 전반에 걸쳐 변동을 일으켰다. 신세대들은 새로움을 추구했고 기능주의의 합리적 사고를 벗어나려 했다. 이들 세대가 요구하는 것은 변화였고 '팝의 미학'이라고 불리는 강한 색채와 강렬한 형태를 원했다. 신세대들은 관습적이던 것에서 벗어나고자 했다. 그리고 새로운 재료, 추상적인 형태들이 인기를 끌었다. 일회용 제품을 사용하는 문화가 확산하여 저렴하고 재기 넘치는 아이디어 상품들이 등장한다. 또한 일회용에 대한 개념은 견고함을 중요한 가치로 여기던 가구에까지 밀려와 종이로 만든 가구를 등장시키기도 했다. 영국의 디자이너 피터 머독(Peter Murdoch)은 주름진 판지 종이로 만든 '폴카 닷 체어

(1963)'를 디자인했는데 납작하게 접혀 포장되어 저렴한 가격으로 판매되었다.

1960년대에 가구는 급진적인 발전을 하게 된다. 그중에서도 플라스틱 가구의 등장은 그 시대의 요구에 부응할 수 있는 매력적인 것이었다. 플라스틱은 비싸지 않고 가벼웠으며 다양한 형태와 화려한 색상 표현이 가능했기 때문에 가구의 소재로 사용하기에 많은 장점을 가지고 있었다. 플라스틱의 다양한 소재로 제작된 의자들이 생산되자 선풍적인 인기를 끌게 된다. 플라스틱의 종류도 연구를 거듭하여 다양한 특성이 있는 소재들이 개발되었다. ABS(아주 견고한 플라스틱의 한 종류), 폴리우레탄, 폴리프로필렌, 폴리에틸렌, 폴리에스테르 등 플라스틱 재료들이 다양한 물리적 특성이 있어 가구 제작에 적용되었다. 플라스틱 가구들은 저렴한 재료 덕분에 싸게 공급될 수 있었지만 기본 틀을 제작하는 데는 큰 비용이 들어서 한번 제작한 틀에서 대량의 가구를 만들어내야만 그 비용을 회수할 수 있었다고 한다.

이탈리아는 플라스틱 가구에서 선두 주자였다. 그들은 대중의 요구에 부응하는 화려한 색상의 플라스틱 가구들을 생산하기 시작했다. 이탈리아는 특히 사출방식의 플라스틱 분야에서 가장 발전된 기술을 보여주었다. 이 시기에 카르텔, 폴트로노바, 자노타 와 같은 가구회사들이 문을 열었으며 그들은 플라스틱 가구제조의 새로운 기술들을 연구하여 다양한 제품을 내놓았다. 1967년에 열린 밀라노 가구박람회에서 이탈리아의 디자이너들은 플라스틱이라는 새로운 분야에서 가장 뛰어난 창의력을 발휘했다. 마르코 자누소(Marco Zanuso, 1916~), 조 콜롬보(Joe Colombo, 1930~1971), 카를로 바르토리(Carlo Bartoli, 1931~), 비코 마지스트레티(Vico Magistretti) 등이 플라스틱 가구디자이너로 맹활약했다. 1960년대 중반부터 이탈리아에서 생산된 가구의 소비가 기하급수적으로 늘어났다. 이들은 창의적이고 감각적인 디자인으로 이탈리아의 플라스틱 가구를 세계에 널리 알렸다.

마르코 자누소는 1960년부터 플라스틱의 기술혁신으로 말미암아 산업디자이너 리하르트 자퍼(Richard Sapper)와 공동으로 연구한 끝에 겹쳐서 쌓을 수 있는 어린이용 의자를 디자인했다. 그 의자들은 1964년 '콤파소도로 상'을 받았으며 이후 카르텔 사에서 생산되었다.

자유자재로 형태를 창조해 낼 수 있는 플라스틱은 디자이너들의 창의력을 더욱 자극했다. 조 콜롬보는 플라스틱 시대의 기능주의 미학을 발전시켰던 디자이너로 화이버 글라스 소재를 활용하기 위한 첫 번째 의자인 '엘다 의자(Elda chair, 1963)'를 디자인했다. 이탈리아의 콤포트(Comfort) 사를 위해 디자인된 이 의자는 화이버 글라스 소재의 의자를 디자인하기 시작하며 넓은 표면적을 가진 의자로 제작된 것이다. 깊이를 가지는 등받이와 푹신한 속이 채워진 긴 가죽 원기둥들이 의자의 안쪽을 감싸고 돌면서 안락한 쿠션을 형성하고 있다. 또한 360도 돌아가게 되어있어 사용자의 움직임을 자유스럽게 해주고 있는 매우 편안한 의자였다. 콜롬보는 플라스틱의 장점을 이용하여 사출 성형(injection moulded)된 최초의 의자도 디자인했다. 그 의자는 인체공학적으로 디자인되었으며 '유니버설 의자(Universal chair no.4860)'라는 이름으로 1965년 발표되어 카르텔사에서 현재까지도 생산되고 있다. 1971년에는 '종합가구 유니트'를 디자인하여 주거 요건을 충족시킬 수 있는 가구로 주목을 받았다.

비코 마지레스티는 1960년대에 플라스틱 의자를 시작했는데 소재를 구분하지 않는 정교한 디자인은 우아함과 기술을 조화시켜 완벽한 디자인을 완성했다. 카를로 바르톨리도 플라스틱 가구에 대해 다른 디자이너들과 마찬가지로 재료에 대한 탐구와 혁신적인 형태를 연구한 결과로 '가이아 의자(Gaia chair, 1967)' 같은 뛰어난 플라스틱 가구들을 디자인하였다.

이 시대에는 이제 가구를 구입하는 일이 예전과는 많이 달라졌다. 일회용 종이 판지 가구나 저렴하고 가벼운 플라스틱 가구는 이전의 가구 개념을 바꾸어 놓았다. 성형 플라스틱 가구뿐 아니라 공기를 주입해서 사용할 수 있는 가구들이 연구 개발 되었다. 플라스틱 소재의 새로운 기술과 고주파 접합방식의 기술적인 성공으로 1967년에 공기 주입식 팔걸이의자가 디자인되었다. 파올로 로마찌(Paolo Lomazzi, 1936~), 조나단 데 파스(Jonathan De Pas, 1932~1991), 도나토 두르비노(Donato d' Urbino, 1935~)는 공동으로 PVC 소재의 공기 주입식 가구인 '블로우 체어(Blow chair, 1967)'를 디자인했다. 이 의자는 공기를 넣지 않은 납작한 상태로 포장·판매되었으며 소비자가 공기를 주입하여 의자를 완성하는 새로운 형태였다. 그 후 블로우 체어

파올로 로마찌 – 블로우 체어
(출처: www.moma.org).

는 1960년대의 문화를 상징하는 아이콘으로 떠올랐다. 이들이 디자인한 의자 중에는 '조(Joe, 1970)'라는 야구 글러브 모양의 독특한 의자도 있는데 미국의 야구선수 조 디마지오

(Joseph Paul DiMaggio, 1914~1999)의 이름을 딴 의자로 초대형 조각에서 영향을 받아 디자인된 것이라고 한다.

이 시대에 존재했던 많은 요구가 산업 디자인 제품과 가구 디자인에 다양한 변화를 가져왔다. 빠르게 변화된 사회는 모듈 개념을 가진 가구가 요구됐으며 조립할 수 있도록 시스템화된 가구들이 부품의 표준화에 바탕을 둔 원칙을 기초로 하여 디자인되었다. 새로이 개발된 조립식 제품 디자인들은 이탈리아 가구박람회를 통해서 소개되고 발전했으며 나날이 진보하였다.

유럽의 디자이너들도 플라스틱 소재로 만든 가구에 대한 시대적인 인식을 하고 있었다. 새로운 개념을 가진 의자의 형태와 새로운 제작기술의 발전은 플라스틱이라는 소재가 존재했기에 가능했던 것들이다. 새로운 미학이 필요한 시기였다. 이전의 전통적인 제작방식에서 제한될 수밖에 없었던 형태들이 조각적이며 자유로운 형태로 디자인될 수 있었다.

베르너 팬톤(Verner Panton, 1926~1998)은 덴마크의 디자이너로 플라스틱 가구분야에서는 가장 뛰어나고 선구적인 디자이너였

베르너 팬톤 – 팬톤 체어
(출처: www.danishfurniture.com).

다. 그는 당시에 플라스틱 소재에 열광하고 있던 다른 디자이너들과는 전혀 다른 방법의 플라스틱 가구를 생각해 냈는데, 팬톤의 뛰어난 창의력은 기존의 다른 의자들과는 달리 마치 조각 작품 같은 플라스틱 의자인 '팬톤 체어(Panton chair, 1960)'를 탄생시켰다. 그는 아주 새로운 개념의 의자 다리를 생각해 냈다. 반 원뿔형의 의자 다리는 좌판과 그대로 연결되어 등받이까지 연장되어 하나의 선을 이루고 있으며, 완벽하게 균형을 이루며 휘어진 선은 매우 율동적인 아름다움을 느끼게 했다. 팬톤 체어를 처음 만들었던 초기에는 유리섬유와 폴리에스테르를 소재로 만들고 사출 성형방식을 이용했다. 마무리 공정이 매우 힘들었다고 하는데 1967년 이후로는 폴리우레탄으로 소재를 전환했고 마무리 작업은 쉬워졌다고 한다. 팬톤은 이 의자로 큰 성공을 거두었고 큰 반향을 일으키며 팝아트의 상징으로 떠오르게 된다. 팬톤 체어 이후의 작품으로는 '콘 체어(Cone chair, 1958)', '하트 콘 체어(Heart cone chair, 1959)', '리빙 타워(Living tower, 1960)' 등이 있다.

핀란드의 이에로 아르니오(Eero Aarnio, 1932~)는 창의적인 모

더니즘 가구 디자이너로 1960년대에 인기 있던 소재인 플라스틱으로 가구를 연구하기 시작한다. 화려한 색상 표현과 자유로운 형태가 가능했고 가격도 저렴했던 플라스틱은 그에게는 매력적인 신소재였다. 아르니오는 화이버 글라스를 이용하여 '글로브 의자(Globe chair, 1963)'를 디자인하였다. 이 획기적인 형태의 의자는 커다란 공의 한 면을 자른 것 같은 형태의 좌석 부분과 페인트로 마감한 알루미늄 의자받침, 움직임이 가능한 기둥 형식의 금속다리로 구성되어 디자인되었다. 동그란 공간 속에 폭신한 쿠션이 있어 앉으면 안락하고 편안할 것 같은 느낌을 주고 있다. 이 의자는 1963년 처음 제작되었고 1966년이 되어서야 독일의 쾰른에서 전시되었는데 전시하자마자 큰 인기를 끌었다고 한다. 화이버 글라스로 만들어진 또 다른 그의 작품들도 독특한 형태들이 많은데 좌판 등받이 다리가 분리되지 않고 하나의 덩어리를 이루고 있는 '파스틸 의자(Pastile chair, 1968)', '토마토 의자(Tomato chair, 1971)'가 있고, '포니 의자(Pony chair, 1970)'처럼 장난기 넘치는 의자도 디자인했다. 글로브 의자와 같은 구형이지만 천장에 매달아 사용하게 한 비눗방울 모습을 한 '버블 의자(Bubble chair, 1968)'도 아르니오의 대표작 중 하나이다.

조금은 새로운 시각의 가구들도 디자인되었다. 플라스틱은 자유로운 성형으로 매우 새로운 가구들을 디자인할 수 있었는데 강철도 마음대로 구부리는 것이 가능해서 원하는 형태의 가구를 시도해 볼 수 있는 강하고도 유연성 있는 가구 재료였다. 프랑스의 디자이너 피에르 폴랭(Pierre Paulin, 1927~)은 구부린 강철판 위에 폴리우레탄 스펀지를 씌우고 천으로 마감한 '리본체어(Ribbon chair no.58, 1965)'를 디자인했다. 한 가닥의 리본이 다리 부분에서 시작하여 좌판과 등받이를 건너 다시 다리 부분에서 모여 하나의 의자를 구성하고 있는데 강철이 만들어내는 강인함과 유연함에서 오는 탄력감이 의자를 완성하고 있다. 그의 작품들은 독창적이고 자유로웠다.

몇 년 뒤 가에타노 페쉐(Gaetano Pesche, 1939~)는 아예 뼈대도 없는 전혀 새로운 발상의 충격적인 가구를 1969년 밀라노 가구 박람회를 통해 내놓았다. 그가 디자인한 '업(Up) 시리즈'는 혁신적인 기술을 이용한 의자로 납작하게 눌린 모습으로 포장되어 판매되었다. 일단 포장을 개봉하면 그때부터 폴리우레

가에타노 페쉐 – 업 시리즈
(출처: www.bonluxat.com).

탄 폼 위에 천을 씌운 의자가 공기를 머금기 시작하여 저절로 천천히 부풀어 올라 의자의 형태가 완성된다. 업 시리즈 의자는 억압된 여성성을 상징하는 의자로 디자인되었다고 한다.

전혀 새로운 기술로 만들어진 의자도 있었지만 반면에 매우 간단한 방법의 새로운 디자인도 있었다. 피에로 가티(Piero Gatti, 1940~), 체사레 파올리니(Cesare Paolini, 1937~), 프랑코 테오도로(Franco Teodoro, 1939~) 이들 세 명이 공동으로 디자인하고 자노타(Zanotta) 사에서 제작한 '사코(Sacco, 1968)'라는 자루 형태의 의자가 디자인됐다. 비닐로 제작된 주머니 속에 폴리스티렌 알갱이를 잔뜩 채워 넣는 단순한 방법으로 제작된 이 의자는 정해진 형태가 없어 앉는 사람에 따라 모양이 변할 수 있는 무정형의 가구였다. 이 의자는 우리가 가지고 있는 의자에 대한 고정관념을 깨고 앉는 사람의 체형에 따라 모양이 변해 버리는 인체공학적인 의자였다. 사코는 가벼워서 운반하기 쉬웠고 가격도 저렴했기 때문에 특히 젊은 층에 인기가 있었다. 지금도 수없이 모방되고 있는 사코 의자는 매우 감각적인 아이디어가 돋보이는 의자라고 할 수 있다.

사코
(출처: www.panik-design.com)

미국에서는 웬델 캐슬(Wendell Castle, 1932~)이 조각적인 작업으로 독특한 가구들을 제작하고 있었다. 대학에서 순수미술과 산업디자인, 조각을 공부한 캐슬은 무정형적인 형태들을 가구에 적용하여 조각 작품 같은 느낌이 나는 가구들을 디자인했다. 합판을 적층하여 덩어리를 만든 후 의자나 테이블을 조각 작품처럼 깎아내는 작업들과 더불어 플라스틱 가구들도 디자인했다. '몰라 체어(molar chair, 1969)'는 어금니 모양의 의자로 캐슬의 대표작이기도 하다. 몰라 의자는 화이버 글라스 위에 폴리에스터 마감으로 제작되었다. 다수의 플라스틱 작품들이 있으며 가구와 조각을 접목하고자 하는 그의 의도가 작품을 통해 나타나고 있다.

대안으로서의 디자인

1973년 유류파동으로 말미암은 경제위기는 자유롭고 낙관적이던 사회분위기를 한순간에 소멸시켰다. 석유에서 생산되는 플라스틱 재료와 석유 화학 관련 제품의 가격이 순식간에 뛰어올라 플라스틱 가구업계는 큰 타격을 입었다. 세계적인 경제위기는 업체들의 생존 전략과 비용 절감, 합리적 생산체제를 고민하게 했다. 또한 디자이너들에게 새로운 방향으로의 전환을 요구했고 소비자들의 실생활에 직접적인 타격을 입혀 모든 부분에서 절약과 절제, 친환경적 소비에 관심을 두게 했다. 자원의 재활용과 환경문제들이 대두하였고 기업은 대안으로 제시될 제품개발에 전념했다. 플라스틱 가구 대신 목재에 관한 관심이 커진 것도 시대적인 영향 때문이었다. 목제 가구가 대거 등장하

고 화려한 색상의 가구들이 사라
졌다. 가구업체들은 무채색이나 검
은색을 선호했고 디자이너들은 목
제 가구들을 디자인하는 데 집중
했다. 1974년 밀라노 가구 박람회
에는 많은 목제가구가 출품되었고
1978년 밀라노 박람회의 가구는
온통 목재였다고 한다.

프랑크 게리 – 이지엣지 시리즈
(출처: www.moma.org).

　재활용에 관심이 있었던 디자이너는 프랑크 게리(Frank Gehry,
1929~)였다. 캐나다 건축가로 모든 것이 풍족했던 과소비 사회
에 대한 반대 이념으로 경제적이고 환경문제를 해결할 수 있는
소재에 대해 연구하기 시작한다. 그 결과 선택한 것은 종이상자
였다. 그는 17개의 단위로 구성된 골판지 종이 가구 '이지 엣지
그룹(Easy Edges Group, 1972)'을 발표했다. 종이 가구들은 쉽게 만
들 수 있었고 저렴했으며 재활용할 수 있었다.

　1970년대의 이탈리아 디자인 중에는 새로운 가구가 하나 있
었는데 건축가이자 가구 디자이너인 마리오 벨리니(Mario Bellini,
1935~)의 '캡 의자(Cab chair, 1976)'였다. 에나멜 칠을 한 철제 프
레임 위에 지퍼가 달린 가죽으로 전체를 감싼 의자를 디자인
한 것이다. 이는 벨리니의 실험작으로 이전에 없던 새로운 방법
이었다. 그 후 캡 의자는 조금씩 변형된 여러 가지 형태로 디자
인되었다. 지금까지 8개의 콤파소도로 상을 받은 벨리니는 인
형 소파(Le Bambole, 1972), 바실리카 테이블(Basilica, 1977) 등 수많

은 작품을 디자인했다.

디자인의 재해석

알키미아 그룹은 디자인의 거의 모든 분야에 업적을 이루었던 유명한 이탈리아 그룹으로 1976년 알레산드로 게리에로와 그의 누이 아드리아나가 공동으로 설립했다. 알키미아 스튜디오에서 열린 전시를 계기로 「도무스」의 편집장을 지낸 알렉산드로 멘디니(Alessandro Mendini, 1931~)가 합류하게 됐고, 1978년 팔라초 데이 디아만티(Palazzo dei diamanti)에서 열린 가구전시에 출품하게 된다. 이 전시에서 멘디니는 루이 14세 양식의 의자에 점묘화의 기법으로 붓 터치를 그려 넣은 '프루스트(Proust) 의자'와 '칸딘스키 카나페'를 발표했다. 멘디니는 새로운 디자인의 창조가 아닌 재해석과 장식의 중요성을 강조했다. 그다음 해에는 밀라노 가구박람회에서 그룹의 존재를 널리 알리게 된다. 그 후 알키미아 그룹은 실제 제작 가능 여부에 관계치 않고 마음껏 상상력을 펼쳤기에 자유로운 감성의 무대가 되었다. 소속 디자이너들은 실제 상품으로 세상에 출시되기를 원했지만 그룹의 창시자였던 게리에로는 전시와 그 외의 활동에만 열중했다. 결국 그룹 내부에서 불만을 품은 디자이너들이 탈퇴하기 시작했다. 그들 중에는 나중에 멤피스 그룹을 결성하게 되는 에토레 소트사스도 포함되어 있었으며, 디자이너 미켈레 데루치도 소트사스를 따라 1980년에 알키미아 그룹에서 나오게 된다.

디자인의 다원화

멤피스

알키미아 그룹에서 탈퇴한 에토레 소트사스(Ettore sottsass, 1917~2007)는 1981년에 미켈레 데 루치(Michele de Lucchi, 1951~)와 안드레아 브란치(Andrea Branzi) 등 여러 디자이너의 참여로 멤피스(Memphis) 그룹을 결성하게 된다. 그들은 실험적인 성격이 짙었던 알키미아 그룹과는 달리 처음부터 상업적인 접근으로 나서기를 원했다. 그룹 회원들은 1981년 2월에 다시 모여 그들의 첫 번째 제품 시안을 내놓았고 같은 해 9월 첫 번째 전시회를 열게 된다. 알키미아에 없었던 디자이너들도 멤피스 그룹에 합류하였는데 일본인인 시로 구라마타(Shiro kuramata, 1934~1991), 마이클 그레이브스(Michael Graves, 1934~), 조지 소텐

에토레 소트사스 – 칼톤
(출처: www.metmuseum.org).

등 다른 나라의 디자이너도 동참했다. 전시에는 가구 31점, 램프 10점, 도자기 11점, 시계 3점이 발표되었다. 전시는 대성공이었다. 전시만으로만 성공한 게 아니라 그룹이 처음부터 바랐던 상업적인 성공도 이룰 수 있었다. 왜냐하면 멤피스의 작품들을 국제적으로 판매할 수 있는 유능한 파트너들이 참여하여 협력을 아끼지 않았기 때문이다. 멤피스 그룹은 문양과 색상이 강렬한 채색 라미네이트를 가구 표면에 주로 사용하였으며 역사 속에 나타났던 양식들을 혼용하였다. 소트사스의 가구들은 고정 관념을 벗어난 자유스러운 형태로 제작되었다. 대표작으로는 '칼톤(Carlton, 1981)', '비벌리 캐비닛(Beverly cabinet, 1981)', '카사블랑카(Casablanca, 1981)'가 있다. 당시 멤피스 그룹의 강렬한 색채와 형태 그리고 전혀 새로웠던 멤피스의 미학은 이후 포스트모더니즘의 기폭제가 되었다.

포스트모더니즘

산업혁명 후 나타난 대량생산된 산업 제품들은 규격화되고 표준화되었다. 20세기에 와서 모더니즘 운동이 확산하여 불필요하다고 여겨진 장식들의 제거로 디자인이 획일화되고 인간적인 면이 결여되었다. 역사주의적인 양식들도 철저히 배제되었기에 오랫동안 모더니즘은 간결하고 순수하며 합리적인 형태로 생활 속을 차지했다. 그러나 1980년대에 들어서면서 비판의 목소리가 커지기 시작한다. 모더니즘 이념에 반대하며 전통적인 요소들을 디자인에 응용하고자 했다. 독창성과 다양한 형태를 탐색하며 인간성의 회복을 추구하고자 하는 움직임이 나타나는데 이런 양상을 포스트모더니즘이라고 한다.

일본의 디자이너들

1970년 오사카에서 열린 만국 박람회는 일본 디자이너들이 국제무대에 진출할 기회가 되었다. 시로 구라마타는 그 중 한 사람이었다. 1981년 멤피스에 참여하여 다양한 분야의 디자이

시로 구라마타 – 미스 블랑슈
(출처: www.moma.org).

너들과 교류하며 많은 경험을 쌓을 수 있었던 그는 자신의 경험들을 그의 작품 속에 그대로 반영시킬 수 있었다. 동양적 정서로 표현되는 그의 작품은 재료와 형태에 대한 꾸준한 연구가 더해져 더욱 아름답게 보인다. 시로 구라마타는 1985년 밀라노 가구박람회에 물결치는 듯한 느낌이 드는 'Side 1'과

'Side 2'를 출품하면서 국제적으로 주목을 받았다. 그의 작품은 투명감을 주는 것이 특징인데, 철망을 통해 빛이 투과하게 한다든가 투명 아크릴을 소재

키타 도시유키 - 윙크 체어
(출처: www.toshyyukikita.com).

로 사용하여 형태 속의 공간을 보여주는 방법으로 은은한 동양의 미를 표현했다. 가구 작품의 예로는 니켈 도금한 철망으로 제작된 의자인 'How High the Moon(1986)'과 서정적인 아크릴 의자 '미스 블랑슈(Miss Blanche, 1988)' 등이 그의 대표작으로 꼽힌다.

포스트모더니즘 디자이너들은 새로운 기술과 새로운 형태를 혼합하여 가치 있고 창의력이 풍부한 디자인 세계를 보여주려고 노력했다. 일본 디자이너 키타 도시유키(Kita Toshiyuki, 1942~)도 그랬다. 그는 1980년에 형태를 다양하게 변형시킬 수 있는 긴 의자 '윙크 체어(Wink chair)'를 디자인했다. 이 의자는 키타 도시유키가 4년이 걸려 디자인한 것으로 강철 프레임을 만들고 천으로 마감한 폴리우레탄을 씌운 의자다. 관절 부분이 있어 그것을 조절하면 팔걸이의자에서 긴 의자까지 형태의 변형이 가능했다. 머리받침도 의자 밑의 손잡이로 조절할 수 있었다. 화려한 색깔의 천으로 재미있게 구성된 의자는 독창적이었다. 이와 같은 종류로 그의 디자인은 1980년대에 매우 인기가 있었다.

역사와 유머가 담긴 디자인

프랑스 디자이너 필립 스탁(Philippe starck, 1949~)은 1968년 디자인 회사의 운영을 시작으로 1970년대 중반부터는 인테리어 디자이너로 활약하기 시작했다. 1977년에 의자를 디자인하여 가구에 관심을 두기 시작했는데 그 의자들은 그가 가구디자이너로 성공하는 출발점이 되었다. 1982년 프랑스 엘리제 궁의 실내디자인을 맡게 되어 명성을 얻은 필립 스탁은 그 후 수많은 호텔과 레스토랑의 인테리어 디자인 작업과 가구 디자인, 그리고 조명 기구를 포함한 가정용품 디자인으로 그의 탁월한 재능을 발휘했다. 매우 현대적인 감각을 지닌 그는 이미 존재해 있던 전통적인 가구들도 새로운 소재를 사용하여 그의 감각으로 재해석하는 뛰어난 디자인 능력을 보여 줬다. 과거의 디자인

필립 스탁 – 루이 고스트 체어
(출처: www.kartellstorela.com).

을 모방하는 것은 디자이너에게 흔한 일이지만 필립 스탁은 현대 개념에 맞춰 소재와 형식 그리고 생산방식까지 복합적으로 분석하여 새롭게 구성했던 것이다.

그 시대 포스트모더니즘 디자이너들이 그랬던 것처럼 유머와 풍자가 담긴 그의 디자인들은 대중들에게 즐거움을 선사했다. 그는 과거의 장식에서 아이디어를 가져와 재치있게 풀어내고 풍자적인 재미있는 제목을 부여하여 디자인을 더욱 돋보이게 했다. 가난한 자와 부자 구분 없이 많은 사람에게 민주적인 디자인 혜택을 주고자 했던 그는 1985년에는 조립과 해체를 할 수 있는 디자인으로 대량판매를 시도하여 시대적 요구에도 동참한다. 그의 가구는 소재의 경계를 넘나들며 목재, 강철 튜브, 알루미늄주조, 폴리우레탄 등으로 디자인되었으며 끊임없이 펼쳐지는 그의 창의력과 상상력은 그를 최고의 디자이너로 만들었다. 필립 스탁은 자연과 환경문제에도 깊은 관심을 보이며 환경과 관련된 자연보호 개념을 가진 디자인 제품 개발에도 열정을 보이고 있다. 지금도 쉼 없이 열정적으로 제품 디자인에 여념이 없는 필립 스탁은 현존하는 프랑스의 가장 위대한 디자이너로 일컬어진다.

1990~2000년대

사회 전반에 걸쳐 빠른 속도로 변화하는 산업 제품 형태의 발달과 전개과정은 디자인의 다원화를 가져왔다. 신소재의 개발과 환경문제, 재활용 방안 등이 새로운 관심사로 떠오르면서 디자인 전반에 걸쳐 영향을 미치게 된다. 제품을 양산해 내는 데 중요한 역할을 담당하고 있는 디자인 분야는 환경오염을 가속하고 자연을 파괴하는 물질에 대한 문제 인식과 함께 환경문제를 고려한 신소재에 대한 새로운 시각이 필요했다. 자연계의 순환에 순응하는 소재를 적극 활용하고 소재의 재활용 내지는 재사용과 폐기 후의 문제 등을 고려해야 했다. 신소재의 등장과 새로운 가공기술은 디자인의 개념을 다른 각도로 바꿔 놓기도 했다. 산업혁명 후 기계에 의한 대량생산이 가능해지면서 디자인의 문제는 항상 생산되는 제품들에 관한 것이었는데 주로 생산 방법이나 제품의 형태, 기능들에 대해 관심을 가져왔다. 그러나 이제 과거와는 달리 디자인의 관점은 인간의 삶이 되었다. 인간 자체가 가장 중요한 의미가 되면서 인간 친화적인 제품들의 연구가 활발해졌다. 인간공학에 대한 섬세한 연구는 가구와 생활용품 등 제품의 환경에서 디자인 언어로 나타나고 있으며 그 결과는 인간의 삶을 질적으로 개선하고 기능성 위주에서 벗어나 감성으로 다가서는 디자인으로 나타나고 있다. 즉, 인간의 신체구조와 동작들을 분석하고 파악하여 쾌적하고 안락하며 건강까지도 고려한 디자인이다.

1990년부터 2000년대의 가구디자이너들

이스라엘 출신 디자이너 론 아라드(Ron Arad, 1951~)는 이스라엘과 런던에서 공부했는데 1986년 강철판을 구부려 제작한 'Well Tempered Chair'와 'Big Easy Volume'을 디자인했다. 론 아라드의 가구는 감수성과 함께 조각적인 느낌이 든다. 정지된 선에서 느껴지는 힘의 균형과 긴장감에서 오는 형태의 대비는 독창적이며 힘차게 보인다. 그의 가장 유명하고 성공한 가구 작품은 '북 웜(Book Worm, 1993~1994)'으로 제목에서 알 수 있듯이 금속으로 만들어진 부착형 책꽂이다. 이 독특한 책꽂이는 기존의 책꽂이에 대한 고정관념을 깨뜨려버린 새로운 형태였다. 이 창의적인 책꽂이는 원하는 모양대로 형태를 만들어 낼 수 있다는 것도 큰 매력이었다. 딱딱하고 날카로운 금속 성질은 사용자가 원하는 모양을 만들어 유연한 선을 만들어 내면서 부드럽고 유쾌한 형태로 바뀌게 된다. 그의 예술적 시각과 독특함이 돋보이는 작품이었다.

론 아라드 – 책벌레 책꽂이
(출처: www.ronarad.co.uk).

호주 출신 디자이너 마크 뉴슨(Marc Newson, 1963~)은 미래적인 디자인으로 유명하다. 그는 가구뿐 아니라 조명기구, 가정용 생활용품 등 거의 모든 분야를 디자인하였다. 첫 번째 가구는 '록히드 체어(Lockheed chair, 1987)'로 콩깍지(pod) 같은 형태에 금속판을 붙여 완성한 특이하고 미래주의적인 의자였다. 이후 콩깍지를 주제로 여러 의자를 디자인하였는데 '벅키 체어(Bucky chair, 1995)'도 그 중 하나였다. 뉴슨은 곧 디자인계의 샛별로 떠올랐고 그의 가구들은 유쾌했고 감각적이었다.

마크 뉴슨 – 록히드 체어
(출처: www.designmuseum.org).

영국의 디자이너 톰 딕슨(Tom Dixon, 1959~)은 정식으로 디자인 공부를 마치지는 않았지만 출중한 디자인 감각으로 세계적인 디자이너 반열에 오른 독특한 배경을 가지고 있다.

오토바이 사고 이후에 배우게 된 용접기술은 그가 가구를 만들게 되는 기회가 되었다. 그가 디자인 한 'S 체어(S chair, 1990)'는 철제 프레임에 골풀을 엮어 만든 의자로 평범하지 않은 매력이 있다. S자 형태로 시원하게 휘어진 이 의자는 톰 딕슨을 유명하게 만들었다. 2002년 그는 또 하나의 실험적인 의자를 디자인 했는데 'Fresh Fat chair'로 플라스틱

톰 딕슨 – S 체어
(출처: www.moma.org).

실을 둥글게 얹어가며 의자 형태를 완성한 것으로 매우 독창적인 의자였다. 그의 상상력은 새로운 시도를 유발하며 디자인으로 표현되고 있다. 그의 목표는 항상 다른 디자인을 만드는 것인데 신선한 아이디어로 우리를 늘 기대하게 한다. 형태나 기능을 생각해 본 적이 없다고 말하는 딕슨이지만 그의 제품은 형태의 아름다움과 기능성을 갖춰 디자인되고 있다.

카림 라시드(Karim Rashid, 1960~)는 이집트 출생으로 1993년 뉴욕에 디자인회사를 열고 현재까지 다양한 분야에서 수많은 디자인을 내놓았다. 미래지향적인 디자인 세계를 지향하는 카림 라시드를 떠올리면 핑

카림 라시드 – Super Blob
(출처: www.karimrashid.com).

크빛부터 생각나는 것은 그가 주로 선택하는 색상들이 그 전 디자인에서 흔하게 사용하지 않는 핑크나 연두, 주황 같은 색들이기 때문일 것이다. 화려하고 강렬한 색상, 간결하면서도 강한 형태, 그만의 독특한 기호들은 새롭고 독창적인 디자인이었다. 특별한 설명이 없어도 카림 라시드의 디자인이 확연히 구별되는 것은 그의 강한 정체성에 기인한다. 카림 라시드는 세상을 변화시키고 싶어 한다. 이미 디자인계의 전설이 되어 버린 그가 앞으로 그의 디자인 세상을 어떻게 만들어 나갈지 궁금하다.

움베르토 캄파냐(Humberto Campana, 1953~)와 페르난도 캄파냐(Fernando Campana, 1961~)는 브라질 출생의 형제 디자이너다. 이들은 1983년 가구제작을 위해 팀을 결성했다. 그들은 주변에서 흔히 볼 수 있는 재료인 밧줄, 나뭇조각, 플라스틱 튜브 등을 이용해 매우 독창적이고 새로운 가구를 창조해냈다. 형제의 예술적 독창성은 주목을 받았다. 재미있고 개성이 강한 가구들이었지만 실용적이라고는 할 수 없었다. 하지만 사람들은 그들의 가구에 열광했다. 대표적 가구는 'Favela armchair(1991)', 'Vermelha armchair(1993)', 'Jenette chair(1999)', 'Anemona chair(2000)' 등으로 그들의 평범치 않은 재능이 보인다.

캄파냐 형제 - 파벨라 체어
(출처: www.designmuseum.org).

참고문헌

John Morley, Thames &Hudson, 『FURNITURE』, 1999.

『CLASSICAL FURNITURE』, 1993.

Jim Postell, John Wiley & Sons, 『FURNITURE DESIGN』, Inc 2007.

Jonathan M Woodham, 『20세기 디자인』, 시공아트, 2007.

Volker Albus, 『20세기 디자인 아이콘 83』, 미술문화, 2008.

Charlotte & Peter Fiell, Taschen, 『20세기 디자인』, 2003.

이연숙, 『서양의 실내공간과 가구의 역사』, 경춘사, 1987.

Lydia L.Dewiel, 『아르누보』, 예경, 2005.

한국실내학회, 『20세기 의자디자인』, 기문당, 2003.

프랑스엔 〈크세주〉, 일본엔 〈이와나미 문고〉, 한국에는 〈살림지식총서〉가 있습니다.

📱 전자책 | 🔍 큰글자 | 🔊 오디오북

서양 가구의 역사

펴낸날	초판 1쇄 2012년 6월 8일
	초판 3쇄 2023년 1월 30일

지은이	공혜원
펴낸이	심만수
펴낸곳	(주)살림출판사
출판등록	1989년 11월 1일 제9-210호

주소	경기도 파주시 광인사길 30
전화	031-946-1350 팩스 031-624-1356
홈페이지	http://www.sallimbooks.com
이메일	book@sallimbooks.com

ISBN	978-89-522-1864-3 04080
	978-89-522-0096-9 04080 (세트)

085 책과 세계

강유원(철학자)

책이라는 텍스트는 본래 세계라는 맥락에서 생겨났다. 인류가 남긴 고전의 중요성은 바로 우리가 가 볼 수 없는 세계를 글자라는 매개를 통해서 우리에게 생생하게 전해 주는 것이다. 이 책은 역사라는 시간과 지상이라고 하는 공간 속에 나타났던 텍스트를 통해 고전에 담겨진 사회와 사상을 드러내려 한다.

056 중국의 고구려사 왜곡　eBook

최광식(고려대 한국사학과 교수)

중국의 고구려사 왜곡의 숨은 의도와 논리, 그리고 우리의 대응 방안을 다뤘다. 저자는 동북공정이 국가 차원에서 진행되는 정치적 프로젝트임을 치밀하게 증언한다. 경제적 목적과 영토 확장의 이해관계 등이 복잡하게 얽혀 있는 동북공정의 진정한 배경에 대한 설명, 고구려의 역사적 정체성에 대한 문제, 고구려사 왜곡에 대한 우리의 대처방법 등이 소개된다.

291 프랑스 혁명　eBook

서정복(충남대 사학과 교수)

프랑스 혁명은 시민혁명의 모델이자 근대 시민국가 탄생의 상징이지만, 그 실상을 아는 사람은 많지 않다. 프랑스 혁명이 바스티유 습격 이전에 이미 시작되었으며, 자유와 평등 그리고 공화정의 꽃을 피기 위해 너무 많은 피를 흘렸고, 혁명의 과정에서 해방과 공포가 엇갈리고 있었다는 등의 이야기를 통해 프랑스 혁명의 실상을 소개한다.

139 신용하 교수의 독도 이야기　eBook

신용하(백범학술원 원장)

사학계의 원로이자 독도 관련 연구의 대가인 신용하 교수가 일본의 독도 영토 편입문제를 걱정하며 일반 독자가 읽기 쉽게 쓴 책. 저자는 역사적으로나 국제법상으로 실효적 점유상으로나, 어느 측면에서 보아도 독도는 명백하게 우리 땅이라고 주장하며 여러 가지 역사적인 자료를 제시한다.

144 페르시아 문화

신규섭(한국외대 연구교수)

인류 최초 문명의 뿌리에서 뻗어 나와 아랍을 넘어 중국, 인도와 파키스탄, 심지어 그리스에까지 흔적을 남긴 페르시아 문화에 대한 개론서. 이 책은 오랫동안 베일에 가려 있던 페르시아 문명을 소개하여 이슬람에 대한 편견과 오해를 바로 잡는다. 이태백이 이란계였다는 사실, 돈황과 서역, 이란의 현대 문화 등이 서술된다.

086 유럽왕실의 탄생

김현수(단국대 역사학과 교수)

인류에게 '예술과 문명' 그리고 '근대와 국가'라는 개념을 선사한 유럽왕실. 유럽왕실의 탄생배경과 그 정체성은 무엇인가? 이 책은 게르만의 한 종족인 프랑크족과 메로빙거 왕조, 프랑스의 카페 왕조, 독일의 작센 왕조, 잉글랜드의 웨섹스 왕조 등 수많은 왕조의 출현과 쇠퇴를 통해 유럽 역사의 변천을 소개한다.

016 이슬람 문화

이희수(한양대 문화인류학과 교수)

이슬람교와 무슬림의 삶, 테러와 팔레스타인 문제 등 이슬람 문화 전반을 다룬 책. 저자는 그들의 멋과 가치관을 흥미롭게 설명하면서 한편으로 오해와 편견에 사로잡혀 있던 시각의 일대 전환을 요구한다. 이슬람교와 기독교의 관계, 무슬림의 삶과 낭만, 이슬람 원리주의와 지하드의 실상, 팔레스타인 분할 과정 등의 내용이 소개된다.

100 여행 이야기

이진홍(한국외대 강사)

이 책은 여행의 본질 위를 '길거리의 철학자'처럼 편안하게 소요한다. 먼저 여행의 역사를 더듬어 봄으로써 여행이 어떻게 인류 역사의 형성과 같이해 왔는지를 생각하고, 다음으로 여행의 사회학적 · 심리학적 의미를 추적함으로써 여행에 어떤 의미를 부여할 것인가에 대해 말한다. 또한 우리의 내면과 여행의 관계 정의를 시도한다.

293 문화대혁명 중국 현대사의 트라우마

eBook

백승욱(중앙대 사회학과 교수)

중국의 문화대혁명은 한두 줄의 정부 공식 입장을 통해 정리될 수 없는 중대한 사건이다. 20세기 중국의 모든 모순은 사실 문화대혁명 시기에 집약되어 있다고 해도 과언이 아니다. 사회주의 시기의 국가·당·대중의 모순이라는 문제의 복판에서 문화대혁명을 다시 읽을 필요가 있는 지금, 이 책은 문화대혁명에 대한 안내자가 될 것이다.

174 정치의 원형을 찾아서

eBook

최자영(부산외국어대학교 HK교수)

인류가 걸어온 모든 정치체제들을 매우 짧은 기간 동안 시험하고 정비한 나라, 그리스. 이 책은 과두정, 민주정, 참주정 등 고대 그리스의 정치사를 추적하고, 정치가들의 파란만장한 일화 등을 소개하고 있다. 특히 이 책의 저자는 아테네인들이 추구했던 정치방법이 오늘 우리 사회가 당면한 문제를 해결할 수 있는 지혜의 발견에 도움을 줄 수 있을 것이라고 말한다.

420 위대한 도서관 건축순례

eBook

최정태(부산대학교 명예교수)

이 책은 도서관의 건축을 중심으로 다룬 일종의 기행문이다. 고대 도서관에서부터 21세기에 완공된 최첨단 도서관까지, 필자는 가능한 많은 도서관을 직접 찾아보려고 애썼다. 미처 방문하지 못한 도서관에 대해서는 문헌과 그림 등 가능한 많은 정보를 수집하려 노력했다. 필자의 단상들을 함께 읽는 동안 우리 사회에서 도서관이 차지하는 의미에 대해 다시 생각하게 된다.

421 아름다운 도서관 오디세이

eBook

최정태(부산대학교 명예교수)

이 책은 문헌정보학과에서 자료 조직을 공부하고 평생을 도서관에 몸담았던 한 도서관 애찬가의 고백이다. 필자는 퇴임 후 지금까지 도서관을 돌아다니면서 직접 보고 배운 것이 40여 년 동안 강단과 현장에서 보고 얻은 이야기보다 훨씬 많았다고 말한다. '세계 도서관 여행 가이드'라 불러도 손색없을 만큼 풍부하고 다채로운 내용이 이 한 권에 담겼다.

역사·문명

eBook 표시가 되어있는 도서는 전자책으로 구매가 가능합니다.

(주)살림출판사
www.sallimbooks.com
주소 경기도 파주시 문발동 522-1 | 전화 031-955-1350 | 팩스 031-955-1355